KB214921

뻔돌무산

세움북스는 기독교 가치관으로 교회와 성도를 건강하게 세우는 바른 책을 만들어 갑니다.

땅끝에서 온 이야기 ❶

삔돌무산
밥 먹듯이 집 나갔다 돌아온 어느 탕자의 이야기

초판 1쇄 인쇄 2024년 5월 15일
초판 1쇄 발행 2024년 5월 20일

지은이 | 사이먼 홍
엮은이 | 크리스틴 장
펴낸이 | 강인구

펴낸곳 | 세움북스
등 록 | 제2014-000144호
주 소 | 서울시 종로구 대학로 19 한국기독교회관 1010호
전 화 | 02-3144-3500
이메일 | cdgn@daum.net

디자인 | 참디자인
ISBN 979-11-93996-03-4 (03230)

땅끝에서 온
이야기 ①

뻔해도
뻔
돌
아가면
무
조건
산
다

밥 먹듯이
집 나갔다 돌아온
어느 탕자의
이야기

사이먼 홍 지음
크리스틴 장 엮음

세움북스

이 책을
Joy, Trudy & Paul, Daisy & Richard,
Wesley(예성) & Kian(예찬)에게
바칩니다.

Prologue

프롤로그

이 책을 쓴 이유

나는 삐딱한 놈이다. 청소년일 때는 하라는 공부는 안 하고 축구 한다고 돌아다니며 쌈박질을 일삼았다. 대학에 가서도 술 마시고 노느라고 학비 보조금을 탕진했다. 다른 학교로 편입한 후에는 정신 차리고 공부 좀 하나 싶었지만, 마지막에 방심하는 바람에 하마터면 졸업을 못 할 뻔했다. 변호사 시험도 술집에 빠져 사느라 겨우 붙었다. 변호사로 일을 하면서도, 허랑방탕한 생활을 하고 다니느라 빚더미에 앉은 적도 있었고, 음주 운전에 걸려 감옥에 갈 뻔도 했고, 로펌이 망하기 일보 직전까지 간 적도 있었다.

무엇보다 4대째 내려오는 신앙을 가지고 있으면서도, 늘 세상과 교회에 양다리를 걸친 채 이것도 아니고 저것도 아닌 신앙생활을 해 온 것이 '나는 신앙인으로서도 불량스럽구나'라는 열등감을 갖게 하였다.

나는 하나님 앞에 좀 진득하게 앉아 있지 못하고, 툭하면 집을 나가 끊임없는 불순종과 범죄를 저지르면서 세상의 즐거움을 추구하며 살아왔다. 쭉 그렇게 살고 싶은 마음이 굴뚝 같았지만 그때마다 내 삶에는 여지없이 위기가 닥쳐왔고, 살아남아야 하기에 하나님께 매달렸다. 그러면 하나님은 늘 기적같이 나를 구해 주시곤 했다. 돌이켜보면 내 인생은 끊임없는 사사기의 이야기이다. 범죄하고 망하고 부르짖으면 살려 주시고, 또 범죄하고 망하고 부르짖으면 살려 주시고의 반복이었다. 나 같으면, 몇 번 봐 줬는데도 그 모양이면 쳐다보지도 않을 거다. 그런데 하나님은 속도 없으신지, 매번 나를 일으켜 주시곤 했다.

이 책은 딸들이 어렸을 때 성적 때문에 고민하길래, 그까짓 공부 좀 못해도 성공할 수 있다고 격려하기 위해 쓰기 시작했다. 아빠는 여태 살면서 공부 못하는 것뿐 아니라 훨씬 더 힘든 일들을 많이 겪었지만 하나님 은혜로 살아 남았으니, 너희도 걱정하지 말라고 말해 주고 싶었다.

"너희들이 아빠가 어떻게 살아왔는지 들으면 깜짝 놀랄 것이다"라는 마음으로 기억을 더듬어 가며 지나온 삶을 써 보기 시작했는데, 깜짝 놀란 것은 오히려 나였다. 정말 내 삶에는 왜 이렇게 위기가 끊이지 않았는지, 나는 왜 그렇게 나쁜 짓을 많이 했는지, 하나님은 그때마다 어떻게 살려 주셨는지를 다시 확인하고서 말이다.

내가 한 짓을 보면 나는 정말 잘될 수가 없는 놈이었다. 망해도 수백 번 망했어야 마땅했다. 그런데 어떻게 살아남았을까…. 생각해 보니, 이것이야말로 하나님의 일방적인 '봐 주심'이었다. 작정하신 사랑이었다. 무조건적인 은혜였다. 이것이 바로 복음이다! 나는 이 복음을 우리 딸들에게 꼭 전해 주고 싶었다. 이 복음만 품고 있으면 앞으로 딸들의 인생에 어떤 일이 있어도 살아날 수 있으리라. 하지만 책을 내는 것에 조금이라도 나를 드러내려는 마음이 들어가서 하나님께 누가 될까 봐 망설이다가, 시간이 흘러 결국 아이들이 장성해 버렸다. 두 딸은 결혼했고, 큰딸에게서 두 명의 손자도 태어났다. 시무 장로로서는 은퇴했고, 로펌에서도 일할 시기가 얼마 남지 않았다. 책 낼 시기를 놓친 걸까?

하지만 내가 지금이라도 책을 내야겠다고 결심한 것은 어려움이 닥

칠 때마다 이 위기가 간증이 되게 해 달라고 기도하며 했던 하나님과의 약속 때문이다. 그때마다 매번 하나님은 나를 기막힌 깊은 웅덩이에서 건져 주셨는데, 내가 이제 와서 모른 척할 수는 없지 않은가. 성읍에서 굶주림으로 죽어 가고 있던 사람들에게 아름다운 소식을 침묵하지 않고 알렸던 나병 환자들처럼(왕하 7:9), 나도 더 이상 침묵하고 있을 수만은 없다는 생각이 들었다.

신앙생활을 잘하고 계시는 좋은 분들에게는 이 책이 별로 도움이 안 될 것이다. 하지만 나처럼 삐딱한 사람들은 이 책을 꼭 읽었으면 좋겠다. 교회를 몇십 년 다니면서도 세상과 신앙 사이에서 갈등하고 있는 누군가에게, 은혜를 조금 받았나 하면 넘어지고 받았나 하면 또 넘어지는 누군가에게, 주님께서 원하시는 거룩과 성결에는 결코 도달할 수 없을 것 같은 절망감을 느끼는 누군가에게, 또한 집에 들어왔다가도 몇 번씩이나 다시 집을 나가는 탕자와 같은 누군가에게는 그럼에도 불구하고 한없이 사랑하시는 하나님의 은혜가 더욱 클 것이다.

그런 삐딱이들에게 나는 이렇게 말하고 싶다. "그래도 집으로 갑시다. 뻔뻔해도 갑시다. 맞더라도 갑시다. 우리가 살길은 오직 아버지가 계신 집으로 돌아가는 것뿐이고, 돌아가면 무조건 살 수 있습니다. 포기하지 말고 우리 갑시다. 환한 웃음으로 우리를 반기실 아버지께 말이오"라고 말이다.

나같이 삐딱한 놈을 좋게 봐 주시고, 망할 놈을 흥하게 하시며, 죽을 놈을 살려 주시는 하나님의 사랑, 그 '복음' 때문에 당당하고 기쁘게 살아가는 여러분이 되시길 바라며, 끝으로 나의 두서 없는 이야기를 듣고 글로 잘 정리해 준 IYAGI(이야기) 대표, 크리스틴 장 작가에게 깊은 감사를 드린다.

> 그리스도 예수 안에 있는 속량으로 말미암아 하나님의 은혜로 값없이
>
> 의롭다 하심을 얻은 자 되었느니라 (롬 3:24)

추천사

"뻔돌무산", 우선 제목부터 마음에 듭니다!

"뻔뻔해도" 환영하며 호산나를 외치고, 바로 그다음 주에 예수님을 십자가에 못 박은 우리는 정말 뻔뻔합니다.

"돌아오면" 그래도 매번 십자가로 돌아옵니다. 십자가가 구원의 출입문만이 아니라, 삶의 길이기에 우리는 회개하고 십자가로 돌아옵니다.

"무조건" 우리를 향한 하나님의 사랑이 무조건이기 때문입니다. 예수님이 그 모든 조건을 우리 대신 십자가에서 이루셨습니다.

"산다!" 하나님은 우리를 항상 생명의 길로 인도하십니다. 예수님 안에 영원한 새 생명이 있습니다. 이것이 복음입니다.

이 책을 읽으며, 장로님은 복음을 누리는 삶을 사셨음을 볼 수 있었습니다. 제가 존경하는 장로님의 영성의 근거를 알 수 있었습니다.

그리고 그런 삶의 이야기들은 세상의 다른 어떤 이야기보다 재미있었습니다. 복음 안에 있는 우리는 영원한 "뻔돌무산"입니다. 다시 한 번 기억하게 해 주셔서 감사합니다. 이 책을 읽는 모든 사람들이 뻔뻔하게 하나님 아버지의 품으로 달려가는 하나님의 자녀로서의 기적이 있기를 기도합니다. 저도 오늘 다시 돌아갈 예정입니다!

김태형 _ Los Angeles ANC온누리교회 담임목사

* * *

홍 장로님은 제가 아는 사람 가운데 가장 재미있으신 분이고 사랑스러운 분이십니다. 신앙도 삶도 모범생으로 살지 않으셨지만, 어떤 사람보다 그 중심이 바르고 아름다우십니다. 그래서 그의 이야기를 듣는 것은 우리를 행복하게 합니다. 특히 하나님께 사랑받는 그런 사람이 되기를 원하는 사람에게는 격한 공감과 은혜, 그리고 거룩한 갈망을 줄 것입니다.

세상 어디에 내어 놓아도 뒤지지 않을 스펙을 가지고 있으면서도, 자신을 철저히 낮추고 그 모든 것이 하나님의 은혜임을 고백하는 이 드라마틱한 이야기는 가식이 아니라 솔직한 고백이어서 우리에게 정말 감동이 됩니다. 특히 홍 장로님을 개인적으로 잘 아는 사람들에게는 더욱더 그렇습니다.

유진소 _ 부산 호산나교회 담임목사

* * *

　최근 일본 여행을 부부 동반으로 함께 하다가 뜬금없이 사이먼으로부터 이 글에 대한 추천사를 요청받았을 때, 성경책도 제대로 읽어 본 적이 없는 내가 독실한 신자인 사이먼의 진실된 고백에 오점을 남기는 것은 아닌지 걱정도 되고, 몇 자 끄적이는 것 자체가 기독교인들에 대한 불경은 아닌지 생각해 보았습니다. 9살의 어린 벤데돌 사이먼의 고백이 나와 같은 비신도를 위한 대화의 창이 되었으면 한다는 취지에 용기를 내어 몇 자 적습니다.

　교회 문턱도 안 넘어 보았고 종교에 대해 깊이 고민해 본 적도 없는 저는 언론을 통해 간접적으로 경험한 기독교인들의 비행과 불의를 보며 기독교와 교인들에게 대체적으로 부정적이었습니다. 그런데 사이먼과의 만남으로 저의 편견은 조금씩 수정되어 갔고, 사이먼을 통해 "일상 속에서 종교적 믿음을 실천하며 살아가는 인간미 넘치는 기독교 신자도 있구나"라고 생각하게 되었습니다.

　어언 30년 전 우연한 기회에 만나 지금까지 우정과 신뢰를 쌓아 온 내 친구 사이먼! 그냥 보고 있어도 사람의 향기가 물씬 나는 멋진 사람입니다. 그의 간증 글을 읽어 보니 제가 생각하고 있던 사이먼보다 더 다부지고 사람 냄새가 풀풀 납니다. 그는 이를 빗대어 자기를 "뻔돌무산"이라고 부릅니다. 사이먼은 제가 존경하는 진정한 크리스천이라고 부를 수 있는 내 친구입니다. 저를 만나면 술도 한잔 나눌 줄 아는 크리스천 뻔돌무산 사이먼, 이 또한 술꾼인 나에 대한 세심한 배려입니다. 그 모습은 한 번도 하나님의 뜻을 거스르지 않으며, 항상 그 안에서 살아가려는 신실한 신자로 제 눈에 들어옵니다.

또한 사이먼은 종교적 신념이 신실한 신자이기 이전에 주변을 보살피는 넓은 마음과 항상 낮은 곳으로 향하는 겸손함이 있습니다. 그의 이런 모습에서 신이 있다면, (아직 나는 신에 관해 아는 것이 없으므로) '사이먼이 행하는 하나하나의 행동과 마음에는 신의 뜻이 깃들어 있는 것이구나' 하는 놀라움을 느끼게 됩니다.

제가 사이먼을 만난 것은 행운입니다. 그는 늘 저를 위해 기도를 한다고 합니다. 제가 진실한 크리스천과 함께한다는 자체가 축복이고 감사할 일입니다. 사이먼 장로의 호탕하고 거짓 없는 순박한 얼굴을 떠올리며, 오늘도 "뻔돌무산"이 향하는 꿈과 바람이 쭈욱 뻗어 나가길 기도해 봅니다.

윤기원 _ 법무법인 원 대표 변호사

* * *

오랜만에 사이먼 홍으로부터 연락이 왔습니다. 신앙 간증집을 출판하려고 하는데 추천사를 써 달라는 부탁이었습니다. 기독교계 고등학교에 다니던 시절, 지금은 기억도 가물가물한 강요된 성경 공부와 하숙집 딸내미 꼬임에 넘어가 교회 몇 번 따라갔던 게 전부였던, 신앙생활과는 한참 거리가 먼 제가 뭘 알고 무슨 자격으로 추천사를 쓸 수 있겠나 싶어 잠시 망설였지만, 오랜 우정과 그동안 단편적으로만 알고 있었던 사이먼 홍의 지나온 삶에 대한 호기심이 발동되어 승낙했습니다.

사이먼 홍과 나와의 인연은 20여 년 전에 법률 자문 건으로 시작되었습니다. 통상 일로 만난 사이는 과제가 해결된 이후 관계가 지속되기 어려우나, 사이먼 홍의 특출한 친화력과 인간적인 매력에 이끌려 평생 친구가 되기에 이르렀습니다. 그동안의 교분 과정에서 사이먼 홍은 이민 2세대라는 한계를 극복하고 LA에서 대형 로펌을 설립 운영함으로써 세상의 평가와 척도 기준으로는 매우 성공적인 인생을 살아온 사람이라 여겼고, 그러한 성과를 이루기까지 신앙이 큰 바탕이 되었다는 스토리는 이미 들어 대강은 알고 있었으나, 이번 신앙 간증집은 제게 신선한 충격과 깨우침을 주었습니다.

사이몬 홍은 이 간증집 제목에 "뻔뻔"이라는 다소 부정적인 어감의 단어를 채택했지만, 저는 이를 겸손함의 표현이라 생각합니다. 이민 2세대로서, 거친 광야와 같은 척박한 환경 속에서 질풍노도의 시기에 다양한 방황과 피 끓는 청년기에 세상을 향한 힘찬 도전이야말로, 오늘의 그로 거듭나게 했던 원동력이었음을 알게 되었습니다. 또한 그가 시련을 맞이할 때마다 하나님께 다시 돌아가 답을 구한 것은 비신앙인인 나로서도 지나온 삶에서 깨달은 "어려울 때일수록 원칙에 충실하라"라는 격언과 오버랩 되면서 새삼 큰 감동으로 다가옵니다.

　제가 이 책을 읽고 얻은 가장 큰 교훈은 역시 세상 어느 **빽**보다 하나님의 **빽**이 가장 강력하다는 것입니다. 제가 만약 머지 않은 때에 하나님을 믿고 신앙생활을 시작하게 된다면 그것은 아마 사이먼 홍의 말이 아닌 삶으로써 보여 준 선교와 이 책이 계기가 된 것임은 확실할 것입니다. 이 책의 출판을 진심으로 축하하며 앞으로도 내 친구 사이먼 홍이 "뻔돌무산"의 남은 여정에서 선한 영향력으로 세상을 더욱더 아름답게 밝혀 나가길 기대하고 응원합니다.

정용석 _ 전 KDB산업은행 부행장

Contents

목차

제6부 : 푸른 초장에서

제1부

인생의 밑바닥에서

01

벤데돌의 하나님, 변호사의 하나님

변호사에게 가장 필요한 것은 첫째도 실력, 둘째도 실력이다. 유능함과 전문성을 갖추지 못하면 경쟁이 심한 이 바닥에서 살아남을 수 없기 때문이다. 그다음으로 변호사에게 필요한 것이 있다면 고객 개발 능력이라고 하겠다. 아무리 실력이 뛰어나도 고객이 없으면 그 실력을 보여 줄 기회 자체를 얻지 못하기 때문이다.

'레인 메이커(Rain Maker)'라는 용어가 있다. 아메리카 인디언들로부터 유래된 말인데, 가뭄이 들어서 농사를 못 짓게 되었을 때, 제사를 지내든 뭐든 해서 비가 오게 하는 사람을 말한다. 로펌으로 말하자면 사건을 따오는 사람이라고 할 수 있겠다. 조직을 먹여 살리는 중요한 역할이니만큼 경력이 많은 파트너급 변호사가 맡는 것이 보통이다. 그런데 나는 취직한 지 얼마 안 되는 신출내기 변호사 시절부터 레인 메이커의 역할을 능수능란하게 잘하는 사람으로 평가되었다. 사람을 만나기만 하면 사건을 따오곤 했기 때문이다. 고객들도 유독 사이먼 홍을 자주 찾았다.

실력이나 학교 성적이 남들보다 뛰어날 것도 없었던 내가 어떻게 그 일을 잘해 낼 수 있었을까? 타고난 능력이라고 말하는 사람도 있지만, 그것은 내성적이고 수줍음 많은 내 성격을 잘 몰라서 하는 얘기고, 곰곰이 생각해 보니 어린 시절 받은 조기 교육 덕분이 아닐까 싶다. 사람을 대하는 그 능력은 브라질 상파울로에서 아홉 살 때부터 '벤데돌(Vendedor)'을 하면서 익혀 온 것이기 때문이다. '벤데돌'이란, 포르투갈어로 '집집마다 돌아다니며 물건을 파는 방문 판매원'을 말한다.

우리 가족은 아버지가 대구에서 가방 공장을 크게 하시다가 쫄딱 망하는 바람에 돈 한 푼 없이 외삼촌이 계시던 브라질로 이민을 갔다. 처음 도착한 곳은 상파울루의 '빠르께 샹하이'라는 동네였는데 60~70년대 브라질로 이민 간 한국 사람들의 90% 이상이 초기에 정착하는 곳이다. 그곳에서 한국 사람들은 가내 수공업을 하거나 봉제를 해서 먹고살았다.

우리 집은 '꼰데 데 쌀제다스' 라는 길에 있었다. 50층, 60층짜리 빈민 아파트가 밀집해 있는 그곳은 유명한 창녀촌이기도 했는데, 거주민의 반은 그런 일을 하는 여자들이었고 나머지 반은 그 사이사이에 끼어서 재봉일을 하면서 먹고 살던 한국 사람들이었다. 아침이고 밤이고 24시간 남자 손님들이 들락거리는 그곳에서 내 친구는 자기 엄마의 일이 끝나기를 기다리면서 우리 집에서 놀기도 하고, 어느 날 경찰이 들이닥치면 여자들과 손님들이 도망가고, 쫓고, 잡아가고 하는 아수라장이 수시로 벌어지기도 했다. 지금 생각하면 교육적으로 말도 안 되는 환경이었다.

누가 얻어 줘서 멋모르고 그곳으로 가게 된 어머니는 매일 아침마다 식구들을 깨워서 학교 가기 전에 꼭 가정예배를 드렸다. 소돔과 고모라 같은 그곳에서 잘 못하면 자식들을 다 잃어버리겠다는 영적 위기감을 느끼셨던 것 같다. 옆에서 졸고 계시는 아버지를 포함하여 우리 가족 다섯 명은 아침마다 찬양과 말씀과 기도로 하루를 시작했다. 먹고살기 위해 악다구니를 쓰는 창녀촌 가운데서 아침마다 우리 가족의 기도와 찬송 소리가 울려 퍼졌다.

한국 사람들의 브라질 이민 초창기였던 그때는 애·어른 할 것 없이 온 가족이 총출동하여 돈을 버는 분위기였다. 우리 집도 어머니는 집에서 재봉을 해서 제품을 만들고, 나머지 식구들은 그 물건을 가지고 집집마다 돌아다니며 파는 벤데돌을 했다.

그런 상황을 보며 한국에서 부유하게 살았던 것을 기억하는 누나와 형은 문화 충격이 컸던 모양이었다. 하지만 나는 어렸기 때문에 '원래 이렇게 사는 것인가 보다' 하고 별 갈등이 없었다. 포르투갈어도 가족 중에 제일 먼저 배웠다. 화려한 애굽에서 태어난 1세대와 광야에서 태어난 2세대의 차이라고나 할까.

나는 아홉 살 때부터 벤데돌을 했다. 지지리도 가난한 우리 동네는 별 볼 일이 없기에, 버스를 타고 멀리 가서 아무데서나 내리고는 했다. 낯선 곳에 혼자 있노라면 오늘은 어디로 갈지 항상 막막했다. 돈도 없고, 배경도 없고, 부모님 능력도 없던 내가 의지할 곳은 하나님밖에 없었다. 멋지고 세련된 기도는 할 줄 몰랐기에, 그저 "하나님, 하나라도 팔게 해 주세요. 무사히 집에 들어가게 해 주세요"라는 단순한 기도만을 반복했던 기억이 있다.

나는 화장품, 속눈썹, 스카프, 의류, 가방 등을 잔뜩 챙겨 들고 집집마다 초인종을 누르며 돌아다녔다. 그때는 창피한 줄도 몰랐다. 일단 팔아야 먹고 살았으니까. 브라질은 나그네를 접대하는 문화가 있어서 아무리 방문 판매원이라고 해도 매정하게 내쫓지 않고 차라도 한잔 대접하는 인심이 있었다. 그렇게 해서 집 안으로 들어가면 나는 빈 손으로 나오지 않기 위해 집 주인에게 필사적으로 제품을 설명했다. 어린 나이에도 물건을 팔려면 호감을 줘야 하고 그 사람의 필요를 충족시켜야 된다는 것을 본능적으로 알았던 것 같다. 덕분에 물건을 들고 나가서 공친 적은 한 번도 없었다. 뭐 하나라도 꼭 팔고 들어왔다. 그렇게 번 돈의 십분의 일은 어머니가 가르쳐 주신 대로 꼭 하나님께 십일조를 드렸다.

생각해 보면 어린 시절, 참 상상도 못할 고생을 했다. 내 나이에 그런 경험을 한 사람들은 많지 않을 것 같다. 하지만 그때 물건을 팔고, 외상을 주고, 수금을 하고, 돈도 뜯기고, 호객 행위도 하면서 세일즈에 관한 것을 몸으로 배웠다. 그때의 경험은 나중에 변호사가 되어서 제대로 빛을 발했다. 사람 만나는 것을 두려워하지 않고 고객의 눈높이에서 복잡한 사안을 쉽게 설명해 주며 고객의 필요가 무엇인지 파악해 가려운 곳을 잘 긁어 줄 수 있었으니 말이다. 어린 시절 다윗에게

양 떼를 지키게 하며 훈련시키셨듯이, 나를 준비시키신 하나님의 예비하심은 놀랍기만 하다.

그렇다고 모든 고생이 다 축복으로 변하는 것은 아닐 것이다. 환경이 안 좋으면 어긋나기 쉬운 것이 사실이고, 하마터면 나도 그럴 뻔한 경우가 많았다. 하지만 그때마다 나를 지켜 주었던 것은 매일 아침 드렸던 가정예배와 늘 기도하시던 어머니, 그리고 하나님 없으면 죽는 줄 알았던 그 마음이었다.

지금도 중요한 국제 계약을 성사시키기 위해 한국으로 출장을 나와 비행기에서 내릴 때면, 어린 시절 버스에서 내렸을 때의 그 막막함이 다시 느껴지곤 한다. 하지만 나는 곧 마음을 다잡고 어떤 일이 기다리고 있을지 모르는 곳으로 힘 있게 발걸음을 내딛는다. 하나님이 함께 하시며 모든 일을 선하게 인도해 주실 것이라는 단순한 믿음으로 말이다. 그 믿음은 어린 시절 벤데돌을 하면서 배운 것이다.

생각해 보면 어린 시절, 참 상상도 못할 고생을 했다.
하지만 그때 물건을 팔고, 외상을 주고, 수금을 하고,
돈도 뜯기고, 호객 행위도 하면서
세일즈에 관한 것을 몸으로 배웠다.

02

패싸움과 어머니의 기도

브라질에서 미국으로 이민 온 지 1년 후가 1978년인데, 코에 여드름이 크게 나서 코뿔소라고 불리던 고3 때의 일이다. 그때 미국은 한창비지스, 존 트라블타, 〈토요일 밤의 열기〉와 〈그리스〉에 열광하던 시기였다. 우리 패거리들도 유행에 뒤질세라 풀어헤친 셔츠에 목걸이를 하고, 존 트라블타 파마머리에 나팔바지를 입고, 뒷 주머니에는 도끼빗을 꽂은 채, 소니(SONY) 라디오를 귀에 대고 음악을 들으며 건들건들 돌아다녔다. 그리고 수시로 각 학교의 한인 학생회가 돌아가면서 주최하는 '부기 나잇'이라는 댄스 파티에 참석하곤 했다.

그날은 댄스 파티에 참석하기 위해 친구들과 어울려 몬테벨로 하이스쿨로 원정을 갔던 날이다. 체육관에서 끼리끼리 모여 신나게 춤을

추고 있는데, 갑자기 한쪽에서 시끌시끌하더니 주먹다짐이 벌어졌다. 우르르 달려가 보았더니 우리 편이 싸우고 있는 것이 아닌가!

생각할 것도 없이 일단 엉겨 붙어 싸우기 시작했다. 으레 그렇듯이 일단 패싸움이 시작되면 이 싸움을 누가 시작했는지, 왜 시작했는지는 더 이상 중요한 게 아니다. 단지 내 앞에 있는 놈이 우리 편인지, 아닌지만을 따질 뿐이다. 우리 편이 아니면, 일단 두들겨 패고 보는 것이다.

코에 여드름이 터지는 바람에 피투성이가 돼서 싸우고 있었는데, 누가 신고했는지 헬리콥터가 뜨고 경찰이 출동했다. 한데 엉겨 싸우던 놈들이 순식간에 흩어져서 냅따 뛰기 시작했다. 나는 테니스장 쪽으로 도망갔는데, 어떤 성실한 경찰 한 명이 나를 끝까지 쫓아오는 것이 아닌가. 쫓고 쫓기는 숨 막히는 추격전 끝에, 아무래도 잡힐 것 같은 순간, 죽을 힘을 다해 높은 담장을 뛰어넘었더니 그는 더 이상 따라오지 못했다. 아무리 경찰이라고 해도 10대의 팔팔한 나를 따라잡기는 무리였을 것이다. 더구나 나는 축구로 단련된 몸이 아닌가!

가까스로 경찰을 벗어나서 주차장 수풀 안에 몸을 숨겼다. 움직이면 들킬까 봐 숨도 제대로 못 쉬고 '동작 그만' 하고 있었는데, 때마침 스프링쿨러가 작동되는 것이 아닌가! 피하지도 못하고 꼼짝없이 물줄기를 그대로 맞으면서 물에 빠진 생쥐 꼴로 있자니, 내 신세가 참으로 한심했다. 내 꼴이 지금 이게 뭐란 말인가. 그래도 브라질에서는 공부도, 신앙도 모범생이었는데, 그걸 다 어디다 팔아먹고 이렇게 되었는가 말이다.

몇 시간을 그렇게 숨죽이고 있다가 좀 조용해진 것 같아서 밖으로 나왔다. 잡아갈 놈 다 잡아갔는지, 경찰들도 더 이상 보이지 않았다. 몸은 다 젖고 피투성이에 신발도 잃어버린 채 맨발로 터덜터덜 걸었다. 차도 없고, 집으로 갈 뾰족한 방법이 없었는데, 마침 동생을 찾으러 온 어느 여학생을 만나서 그 차를 얻어 타고 새벽에 겨우 집으로 돌아올 수 있었다. 조심스럽게 현관문을 열고 살금살금 들어오는데, 어머니가 무릎 꿇고 울부짖으며 거실에서 기도하고 계시는 모습이 보였다. 들킬까 봐 얼른 내 방으로 들어갔다.

그다음 날 학교에 가 보니, 싸움에 가담한 29명이 다 잡혀가고 학교에 나오지 못했다. 참 대단한 미국 경찰들이었다. 누가 누군지 알고 어떻게 그렇게 모조리 잡아갔을까? 그런데 그 와중에 나는 어떻게 안 잡혔을까?

아마 내가 난리 치던 그 시간에 어머니가 기도를 하셨기 때문일 것 같다. 그날따라 어머니가 다른 날보다 일찍 새벽 기도를 하고 계셨던 것도 예사롭지 않다. 말썽꾸러기 막내 아들을 위한 어머니의 간절한 기도를 들으신 하나님이 그 순간에 나의 보호막이 되어 주셨던 것이 아닐까?

물론 어머니는 그 시간에 패싸움하는 것을 알고 기도하셨던 것이 아니다. 늘 습관대로 매일 하시던 새벽 기도를 하셨을 뿐이었다. 그 당시 나는 왜 그렇게 사고를 많이 쳤는지, 미국에 와서는 공부도 신앙도 엉망이었다. 단지 브라질에서와 동일했던 것은 어머니가 늘 나를 위해 기도하셨다는 것뿐이다.

나를 위한 어머니의 기도는 어머니가 돌아가실 때까지 계속되었다. 어린 시절부터 들어 온 어머니의 기도 소리는 내 귓가에 맴돌며 위기 때마다 의지가 되었다. 또한 어머니께 기도해 달라고 부탁드렸던 기도 제목이 응답되는 것을 수도 없이 목격한 나는 기도의 힘을 믿지 않을 수 없었다. 그렇게 어머니가 평생 나를 위해 기도하셨기에 지금의 내가 있다는 생각이 들면서 나도 자식들에게 물려줄 것은 돈도 아니요, 명예도 아니요, 오직 기도밖에는 없다는 생각이 든다. 이렇게 대대손손 물려준 기도의 유산이 내 자손들의 삶을 굳건히 지켜 줄 것을 생각하면, 오늘도 나는 기도를 멈출 수 없다.

03

이민 온 지 2년 반 만에
인생을 말아먹다

17살 반에 브라질에서 미국으로 이민을 왔다. 이때부터 브라질에서 잘나가던 내 인생은 갑자기 곤두박질치기 시작했다. 브라질에서의 내 꿈은 의사가 되어서 빈민촌에서 봉사한 후 인기를 얻어 정치를 하든지, 아니면 육사를 나와서 쿠데타를 일으켜 정치를 하는 것이었다. 정치인이 되면 돈과 명예, 인기를 한 방에 거머쥘 수 있을 것이라는 나름대로의 계산이었다. 지금 생각하면 황당하지만, 그때는 워낙 못 살고 힘들었으니까 어린 마음에 그런 허황된 꿈을 꾸었던 것이다.

그러나 아들에게 그런 야망이 있는지 없는지, 관심조차 없었던 부모님은 브라질 대입 입시를 앞둔 중요한 순간에 갑자기 미국 이민을 결정해 버리셨다. 하지만 나는 공부도 공부지만 내 인생의 중심이었던 교회와 오랫동안 함께했던 친구들, 또 첫사랑도 있던 브라질을 떠나고 싶지 않았다. 하지만 가족들이 전부 가는 마당에 나 혼자 버티고 있을 수 없었기에, 내키지 않는 걸음으로 가족들을 따라 미국에 올 수밖에 없었다.

하지만 얼마나 대책 없이 떠나왔던지, 마지막 날까지 영어 공부는 하나도 안 하고, '이제 가면 언제 또 배우랴' 하며 포르투갈어 공부만 했던 기억이 난다. 한국에서 브라질로 갔을 때 금방 포르투갈어를 배웠으니, 영어도 '그냥 가서 부딪히면 되겠지'라고 생각했는데, 그것은 나의 완전한 착각이었다. 새로운 언어를 배우는 데 있어서 아홉 살과 열일곱 살 반이라는 것은 게임이 안 되는 나이였다.

미국에 도착해 우리 가족이 정착한 곳은 H고등학교 학군에 해당하는 지역이었다. 하지만 H고등학교는 깡패가 많고 F고등학교가 좋은 고등학교라는 정보를 듣고서 나는 먼 친척 집의 주소를 이용해 F고등학교로 위장 전입을 했다.

그렇게 해서, 좋다는 고등학교에서 입학한 지 일주일 만에 SAT(미국 대학 입학 자격 시험)를 봤는데, 그 성적은 차마 눈 뜨고 볼 수 없는 정도였다. 그래서 그때부터 사태의 심각성을 알아 차리고 죽어라 공부에만 열중했다…고 말할 수 있으면 얼마나 좋았을까.

나로 하여금 바로 공부에 담을 쌓게 하는 일이 벌어졌으니, 브라질에서 왔다는 소문을 듣고 학교 축구부에서 나를 찾아온 것이다. 이때부터 본격적으로 내 인생이 꼬이기 시작했다. 죽어라고 공부만 해도 시원찮을 판에, 나는 축구를 시작하면서 공부는 뻥 차 버렸다. 연습하랴, 시합하랴, 원정 경기 뛰랴, 파티까지 다니느라 정신이 없었으니 어느 세월에 공부를 했겠는가. 더구나 축구 팀에는 깡패들까지 있어서 그놈의 의리 때문에 종종 패싸움에도 가담해야 했다.

더군다나 축구 때문에 원정 경기를 다니면서, 나는 위장 전입을 하면서까지 피했던 H고등학교 불량 청소년들과 친해졌고, 나중에는 "할리우드파"라는 그럴듯한 이름까지 만들어 놓고 아예 조직적으로 놀기 시작했다.

그렇게 공부에 한 번 손을 놓기 시작하니, 수업을 도저히 따라갈 수 없는 당연한 일이 벌어졌다. 이때부터 공부를 못하니까 축구에 더 매달리고, 축구에 매달리니까 공부를 더 못하는 악순환이 시작되었다. 우리 축구 팀은 탐 브래들리 시장배 대회에서 LA시 챔피언까지 할 정도로 승승장구했고, 나는 공부를 아예 접었다. 술, 담배도 이때부터 시작했다. 한 번 운동화가 더러워지니까 될 대로 되라는 심정이었다. 나만 공부를 못하는 것이 아니라 같이 노는 애들도 다 같이 공부를 못하니까 나중에는 특별히 내가 공부를 못한다는 생각도 들지 않았다. 정말, 하지 말라는 짓은 다 하고 다녔다. 그래도 그 시절 한 가지 자랑할 만한 것이 있다면, 내가 고등학교를 졸업했다는 것이다. 이것은 정말 대단한 것이다. 할리우드파 30여 명 중에 나를 포함해 겨우 두 명이 졸업했으니 대단하지 않은가! 비록 학점 미달로 두 과목은 여름 학기를 다녀서 겨우겨우 졸업을 했지만 말이다.

그런 주제에 대학에 가는 것은 꿈도 못 꿀 일이었다. 이곳저곳 원서를 넣어 보았지만, 역시나 줄줄이 다 떨어지고 고등학교 성적을 안 보는 커뮤니티 칼리지(Pierce College)로 가기로 했다. 대학을 가면서부터는 마음을 잡고 한 학기 동안은 착실히 공부를 했다. 그런데 이번에도 또 축구가 문제였다. 어느 날, 대학 축구 팀에서 찾아와 각 대학교의 한인 학생회 대항 축구 대회가 있는데 선수로 출전해 달라고 부탁하는 것이 아닌가. 나는 근질근질한 몸이나 좀 풀 겸, 이번에만 출전하고 그만두자는 생각으로 축구를 다시 시작했는데, 막상 시작하니 발을 빼는 것이 쉽지 않았다. 또 불이 붙은 것이다. 설상가상으로, 고등학교 때 같이 놀던 몇몇 친구들이 하필이면 내가 다니는 학교를 지원해서 오는 바람에 그 망할 놈들과 공부는 안 하고 축구만 하면서 몰려다니는 '망나니 생활'이 다시 시작되었다. 게다가 이놈들이 나를 한인학생 회장으로 뽑는 바람에, 학생 회장 하랴, 축구 하랴, 연애하랴, 문학의 밤에, 댄스 파티까지 정신없이 몰려다녔다.

그렇게 딴짓만 하고 다녔으니, 대학에 와서도 역시 수업을 도무지 따라갈 수가 없었다. 그냥 있다가는 전부 'F'를 받을 판이었다. 머리를 써서, 축구와 스페인어를 뺀 나머지 과목을 다 취소해 버렸다. 'F'를 받은 것은 GPA(Grade Point Average, 평균 학점)에 나오지만, 취소한 것은 안 나온다는 계산이었다. 이곳에서 내가 받은 점수는 4점 만점에 1.2였다. 포르투갈어와 비슷하다는 이유로 선택한 스페인어도 생각보다 어려웠기에, 가까스로 'D'를 받고 그나마 축구에서 'A'를 받아서 뭐라도 숫자가 나온 것이다.

아무래도 여기 있다가는 죽도 밥도 안 될 것 같아 다른 학교로 옮기기로 했다. 새로운 곳에서 새로운 마음으로 다시 시작하고 싶었다. 하지만 학교를 옮겨도 GPA가 그대로 따라다닌다는 것이 문제였다. 1점 대라는 치욕스러운 GPA를 짊어지고 있는 한, 4년 동안 아무리 전과목 A를 받아도 기껏해야 2점이나 넘길 수 있을 뿐이었다. 앞이 깜깜했다.

하지만 더 무서운 일은 1년 후에 벌어졌다. 어느 날 가주 학비 보조위원회(California Grant Commission) 사무실로부터 통보가 왔다. "학비 보조금을 사기 쳤기 때문에 앞으로 장학금은 물론 일체의 학비 보조금을 받을 수 없다"라는 것이었다. 24유닛에 해당되는 학비 보조금을 받아 놓고 대부분의 과목을 취소한 것은 고의적인 사기 행각이라는 것이었다. 사기 칠 생각은 아니었지만, 결과적으로 공부하라고 준 돈을 술 먹고 노는 데 탕진한 것은 사실이니, 할 말이 없었다.

학비 보조를 받을 수 없다는 것은 나같이 가난한 놈에게는 미국에서 공부하지 말라는 말이나 마찬가지였다. 다급한 마음에 지푸라기라도 잡는 심정으로 새크라멘토에 있는 캘그랜트(Cal Grant, 학비 보조) 담당자, 살바도르 국장의 사무실을 찾아갔다. 하지만 그의 대답은 차갑기 그지 없었다.

"안 돼! 너는 더 이상 미국에서 학생으로서의 자격이 없다. 네가 그 어디서도 다시는, 영원히 학비 보조를 받을 수 없도록 모든 곳에 조치를 다 해 놓았다", "1년 후 전과목 'A'를 받아 다시 찾아오겠습니다"라는 나의 말에 그는 짧게 "Good Luck"이라고만 말했다. "Good Luck"이라는 말이 이렇게 무섭게 들릴 수도 있구나. 그의 사무실 문을 닫고 나오면서 알았다. 나는 여기서 끝났다는 것을⋯ 이민 온 지 2년 반 만에 초고속으로 인생을 말아먹은 것이다.

04
하루, 성경 다섯 장으로 살아나다

성적(GPA)은 엉망진창, 장학금과 학비 보조마저 원천 봉쇄되어 대학을 갈 수 있는 길이 막혀 버렸다. 미국에 온 지 3년 만에 어영부영 내인생이 그렇게 끝나 버렸다. 공부는 안 하고 맨날 몰려다니며 노는 주제에 그래도 설마설마 하는 마음이었는데, 결국 현실이 되어 버린 것이다.

그때가 내 나이 갓 스무 살, 7월이었다. 우리 집은 지독히도 가난했다. 네 식구가 할리우드, 버지니아 애비뉴에 있는 싸구려 아파트에 살면서 아버지와 형이 페인트칠 해서 번 돈으로 근근히 먹고 살았다. 그나마 내가 공부 좀 하던 놈이라 우리 집 희망이었는데, 이제 그마저도 사라져 버린 것이다. 성공하려면 조직 폭력배의 보스가 되는 것이 빠르지 않을까 싶었다. 놀던 무리와 조직이 있으니 그쪽으로 발길을 돌리는 것은 쉬운 일이었다. 쿠바 난민으로서 마이애미로 이민 온 알 파치노(Al Pacino)가 암흑가 보스가 되어 멋지게 살아가는 것으로 나오는 〈스카페이스〉(Scarface)라는 영화가 상영되던 시기였다.

하지만 나는 본능적으로 하나님께로 돌아가야겠다고 생각했다. 밑바닥에서 내가 비빌 곳은 하나님밖에 없었다. 그런데 하나님 앞으로 간다는 것이 구체적으로 뭘 어떻게 한다는 것일까? 그때 내 눈에 들어온 것이 집에 있던 두껍고 시커먼 성경이었다. '하나님은 성경에 나와 있다던데….' 나는 모태 신앙으로 태어나 그토록 오랜 세월 교회를 다녔지만, 한 번도 성경을 처음부터 끝까지 읽어 본 적이 없다는 것을 깨달았다. 성경을 완독하기로 결심했다. 1년에 완독하려면 하루에 다섯 장씩 읽으면 되겠다는 계산이 나왔다.

그렇게 시작한 성경 읽기를 통해 나는 처음으로 하나님과 일대일로 마주 앉았다. 그전에는 하나님이 누군지도 모르면서 기도하고 찬양하고 예배드렸다는 것을 알게 되었다. 그저 습관적이고 집단적인 종교 행위에 불과한 신앙생활을 했던 것이다. 하지만 성경을 읽으면서 비로소 나는 홍해를 가르시고, 불기둥과 구름기둥으로 인도하시며 만나와 메추라기로 우리를 친히 먹이시는 분을 만났다. 지금 내가 가지고 있는 문제가 아무리 크다고 한들, 하나님은 그보다 더 크신 분임을 알게 되었다. 그 전에는 도대체 뭘 믿었나 싶을 정도로 하나님이 새롭게 다가왔다. 내가 하나님을 붙잡으면 살 수 있겠다는 생각이 들었다. 무엇보다 당시 내가 붙잡을 것이라고는 하나님말고는 없었다.

하나님이 어떤 분인지 깨닫고 나자 공부를 다시 시작할 용기가 생겼다. 지금부터 전 과목 A를 받아도 그 전에 하도 망쳐 놓아서 4점 만점 중에 기껏해야 2점 대의 GPA를 받는 것이 최선인 상황이었지만, 나는 아무 생각 안 하고 그냥 최선을 다하기로 했다. 나머지 일은 하나님께 맡겼다. 잘된다는 보장은 없었지만, 하나님만 믿고 하루하루 가기로 했다.

밤 12시부터 아침 8시까지는 마켓에서 가격표 찍는 일을 하고 학비를 벌면서, 낮에는 공부를 하고 밤에는 학교를 다녔다. 남들 다 받는 학비 보조를 못 받고 내가 한 푼 두 푼 번 돈으로 학교를 다니려니 얼마나 속이 쓰리던지…. 돈이 아까워서라도 열심히 할 수밖에 없었다. 하루 두세 시간 자면서 도서관에 틀어박혀 공부만 했더니, 내가 그 학교 다닌 것을 아는 사람이 없을 정도였다. 놀던 조직에서 탈퇴하고, 모든 친구와 대외 활동을 끊고 아무도 안 만났기 때문이었다.

당시 내가 다니던 LACC(Los Angeles Community College)에서는 한 학기에 12학점을 이수해야 한다. 1년이면 24학점, 정규 기간인 2년을 마치려면 48학점을 이수해야 하는 것이다. 그런데 나는 1년 만에 48학점을 이수했다. 그것도 볼링에서 B를 맞은 것을 제외하고는 모두 A를 받았다. GPA 3.98 이었다.

1년 전 피어스 칼리지에서 완전 문제 학생이었던 나로서는 꿈 같은 일이었다. 용기를 얻은 나는 4년제 대학으로 편입하기로 했다. 하지만 그 전에 먼저 풀어야 할 일이 있었다. 원천 봉쇄되어 있는 학비 보조 문제 말이다. 하루 벌어서 하루 먹는 우리 집 형편상 학비 보조가 없으면 합격을 해도 대학을 다닐 수가 없었다.

TOP 1%에 뽑혀 LACC 총장과 학장이 따로 저녁을 사 주는 자리에 참석한 나는 총장에게 피어스 칼리지에서 있었던 장학금 사건과 망쳐 버린 GPA 사정을 이야기했다. 내가 얼마나 노력했는지, GPA를 보고 짐작했을 테고, 하나님을 만난 뒤로 눈빛부터 초롱초롱해진 나를 그는 '될 놈'이라고 생각했던 것 같다. LACC 총장은 피어스 칼리지의 총장과 살바도르 국장에게 선처를 베풀어 달라는 친필 편지를 써 주었다. 나는 그 편지를 가지고 피어스 칼리지의 총장을 찾아갔다. 그도 뭔가 달라졌다고 느꼈는지 기꺼이 잘 부탁한다는 편지를 써 주었다.

드디어 마지막 목적지인 가주 학비 보조 위원회(California Grant Commission)의 살바도르 국장을 찾아갈 차례였다. 1년 전 내 인생을 단호하게 닫아 버린 이 사람을 만나자니 솔직히 두렵고 떨렸다. 하지만 기적을 일으키시고 불가능을 가능하게 하시는 하나님께 모든 것을 맡기기로 하고 용기를 내어 그를 찾아갔다. 1년 전에 이러저러한 일로 왔던 학생이라고 소개를 하고 두 단과대 총장의 편지와 3.98의 GPA를 보여 주었다. 그는 놀라면서 장학금 원천 봉쇄라는 족쇄를 풀어 주었다. 절대 불가능할 것이라고 여겨졌던 일이 이렇게 풀리다니! 드디어 미국에서 공부할 수 있는 길이 열렸다. 안 될 것이라고 지레 포기하지 않기를 천만다행이었다. 이스라엘 백성 앞에서 홍해를 가르셨던 하나님이 내게도 그런 기적을 보여 주신 것이다. 그해에 나는 UC 버클리에 편입했다.

이때부터 위기 때마다 성경 다섯 장으로 돌아가는 나의 신앙 전통이 시작되었다. 이 전통은 40년 넘게 이어지고 있다. 여유가 있으면 창세기부터, 숨은 쉴 정도면 신약부터, 숨도 못 쉴 정도면 시편과 잠언부터 읽는 식으로 말이다.

돌이켜보면, 내 인생에서 피어스 칼리지 시절처럼 철저히 바닥을 친 시기는 없다. 반면 내 인생 최고의 행복한 시기는 LACC 2년이었다. 오직 성경 읽고, 기도하고, 공부하고, 일하던 그 시기 말이다. 내 인생을 바꿔 놓은 터닝 포인트는 하나님께 돌아가자고 결심하고 성경을 잡은 바로 그 순간이었다.

성경을 읽으면서 비로소 나는 홍해를 가르시고,
불기둥과 구름기둥으로 인도하시며
만나와 메추라기로 우리를 친히 먹이시는 분을 만났다.
지금 내가 가지고 있는 문제가 아무리 크다고 한들,
하나님은 그보다 더 크신 분임을 알게 되었다.

05

하나님과 함께 떠난 무전여행

스물한 살, 여름 방학 때의 일이다. LACC 1년 동안 하나님을 깊이 만나고 기적적으로 공부에도 성공해 자신감을 회복한 나는 4년제 대학으로 편입하기 전에 새로운 것에 도전해 보기로 했다. 편도 항공료 외에는 아무것도 없이 떠나는 무전 여행을 계획한 것이다. 행선지는 동부의 뉴욕으로 잡았다. 분위기도 험하고 인종 차별도 심하고 아는 사람 하나 없는 그곳에서, 돈 한 푼 없이 살아남는 것을 경험해 보고 싶었다. 브라질에서 하도 고생을 해서 이것도 할 수 있을 것 같았고, 미국에서 굶어 죽기야 하겠나 싶은 배짱도 있었다. 고등학교 친구인 유찬이와 여자친구의 남동생 태섭이도 함께했다.

딸 셋에 외아들인 태섭은 그때 고등학생이었는데, 공부를 안 하겠다고 하고 사고도 좀 치고 있던 차에 어머니가 사람 좀 만들어 달라고 부탁을 해서 같이 떠나게 되었다. 그렇지 않아도 여자친구 집에서 점수 좀 따야 하는 나로서는 절호의 기회였다.

토요일 밤에 뉴욕에 도착한 우리는 JFK 공항 내 커피숍에서 커피와 함께 공짜 크래커로 저녁을 때우고, 그날은 공항에서 잠을 잤다. 다음 날은 주일이라 교회에 가기로 했다. 가서 예배도 드리고 밥도 얻어먹고 올 심산이었다. 뉴욕에서 제일 큰 한인 교회가 퀸즈 장로교회라고 하기에 그곳으로 향했다. 셋이서 꼬질꼬질한 상태로 예배도 드리고 국밥도 얻어먹고 있는데, 갑자기 어떤 여자분이 날 보고 아는 척하며 반가워하는 것이 아닌가! 내가 브라질에서 교회 다닐 때, 반주하시던 집사님이신데, 그 교회에 다니고 계셨던 것이다. 남편 되시는 집사님도 내가 잘 아는 분이었다. 그분들의 주선으로, 우리는 그날 저녁 교회에서 잠을 잘 수 있었다.

월요일 아침이 되었는데, 우리는 당장 어디로 갈지가 고민이었다. 돈 없이 살아 보겠다는 것 말고는 아무 계획이 없었기 때문이었다. 일단 우리는 일자리를 구하기로 하고, 헌츠 포인트 시장(Hunts Point Produce Market)으로 가서 물건을 사러 온 한국 사람이 있는지 찾아보기로 했다. 세계 최대의 농산물 거래소인 그곳은 일종의 새벽 시장 같은 곳으로서 할렘(Harlem) 근처에 있었다.

새벽 다섯 시쯤 그곳에 도착해서 여기저기 어슬렁거리고 있는데, 어느 덩치 큰 한국 아저씨가 야채를 싣고 있는 것이 보였다. 나는 그 아저씨에게 다가가, 무전여행 하는 대학생들인데 일자리를 구한다고 말했지만, 그 아저씨는 들은 척도 하지 않았다. 쓱 보고 벌써 시원찮은 놈들이라고 판단했던 것 같다. 나는 더 말할 것도 없이 무턱대고 아저씨의 짐을 들어 차에 착착 실어 주고 차도 여기저기 닦아 주기 시작했다. 그 아저씨가 무뚝뚝하고 좀 무서운 경상도 말투로 하지 말라고 하는데도, 못 들은 척하고 끝까지 일을 마쳐 주었다.

이런 종류의 세일즈 기법을 주로 쓰는 직업군이 있는데, 바로 '거지들'이다. 흔히 주유소 같은 곳에서 만나는 거지들이 돈을 기대하고 차의 유리를 막 닦아 주지 않던가. 그중에 어떤 거지는 몇 번 닦아 주는 척하다가 돈 없다고 하면 그냥 가는 거지가 있고, 어떤 거지는 돈 없다고 하는데도 "It's ok"라고 하면서 끝까지 닦아 주는 거지가 있다. 누구라도 그 둘 중에 나중 거지에게 돈을 주고 싶은 마음이 생길 것이다. 그 거지들은 어디서 그런 기술을 배웠는지 모르겠는데, 나는 이 기술을 어린 시절 '벤데돌'을 하면서 익혔다. 별로 살 마음이 없다고 하는 손님에게도 포기하지 않고, 먼저 스카프 등을 척 걸쳐 주면서 "You look beautiful"이라고 하며 바람을 잡아 주면 "really?"라고 하면서 사게 되는 것이다.

내가 그렇게 용을 쓰고 있는데도, 그런 상황에 익숙하지 않은 유찬이와 태섭이는 저만치 떨어져서 쭈뼛쭈뼛 서 있을 뿐이었다. 심지어 태섭이는 금방이라도 울 것 같은 표정이었다. 아마 창피하기도 하고 '이렇게까지 대책이 없이 나를 데려온 것인가?' 하는 황당함도 있었을 것이다. 어쨌든 내가 끝까지 그 아저씨의 짐을 실어 주고 차를 닦아 주자 그 아저씨는 '요놈 봐라' 했던지, "사람이 하나 필요하긴 한데, 셋은 아니다"라며 여지를 주었다. 우리는 아저씨의 맘이 변할세라 냉큼 차에 올라탔다.

따라가 보니 그 아저씨의 야채 가게가 있는 곳은 퀸즈(Queens) 밑에 있는 큐가든스(Kew Gardens)라는 지역이었다. 마침 그날따라 냉장고에서 일하는 아저씨가 안 나온 날이라 일손이 필요한 상황이었다. 나는 가자마자 안방처럼 큰 냉장고에서 야채와 과일 박스를 쌓고, 정리하고, 물건 빼서 씻고, 다듬는 일을 시작했다. 그동안 유찬이와 태섭이는 빵 집에서 빵 먹고 노닥거리면서 내 일이 끝나기를 기다리고 있었다.

알고 보니 그 아저씨는 국가 대표 야구 선수 출신이고, 아내 되는 분은 미스 부산 출신의 어여쁜 아줌마였다. 그 아줌마는 나에게 이런 저런 것을 물어보더니, 대학생이고 교회도 다니니 믿을 만하다고 생각을 했는지, 친구들에게 전화를 해서 유찬이와 태섭이의 일자리도 알아봐 주었다. 각각 할렘(Harlem)과 맨해튼(Manhattan)에 위치한 야채 가게였다. 처음에는 태섭이가 할렘으로 가고 유찬이가 맨해튼으로 가기로 되어 있었는데, 할렘에 가 보니 분위기가 얼마나 살벌한지 가게에 방탄 유리가 설치되어 있을 정도였다. 이러다 처남 될 애한테 무슨 일이 생기면 안 되겠다 싶어, 그 둘을 바꿔치기해서 유찬이가 할렘으로 가고 태섭이가 맨해튼으로 가도록 했다. 여자친구 때문에 친구를 배신한 것 같아 좀 미안하기는 했지만, 내 인생이 달린 중요한 일이라 어쩔 수 없었다. 아무튼 우리 셋은 하루만에 모두 일자리를 구할 수 있었고, 그때부터 생전 해 본 적 없는 16시간 중노동의 세계에 접어들었다. 새벽 4시에 물건을 해서 5시에 야채 가게에 도착, 물건을 진열하고 5시 반부터 손님을 맞는 식이었다. 그렇게 일하고 아침 점심 먹여 주는 조건으로 한 달에 700불(약 90만 원)을 받았다.

이제 일자리는 잡았으니 숙소가 문제였는데, 그것도 기적적으로 해결되었다. 교회에서 만난 그 집사님 부부 덕분에 우리는 애머스트 (Amherst)에 있는 그 교회 어느 집사님의 세탁소에서 잠을 잘 수 있게 되었다. 밤 8시에 세탁소 영업이 끝나면 우리가 들어가서 셔터 내리고 청소하고 밥해 먹고 잠을 자기로 했다. 그러나 밥해 먹은 뒤에도 우리는 바로 잠자리에 들지 않았다. 16시간 일하고도 무슨 힘이 그렇게 남아돌았는지, 밤마다 지하철을 타고 맨해튼에 나가 놀다가 새벽에 들어와서 겨우 두세 시간 자고 다시 일하러 나가곤 했다. 지금 같으면 꿈도 못 꿀 일인데, 젊음이 좋긴 좋았다.

씻는 것은 일주일에 한 번씩, 세탁소 주인 아저씨의 아파트에 가서 해결했다. 그곳에는 한국에 가족들을 남겨 둔 채 홀로 와 있는 아저씨들 다섯 명이 함께 살고 있었다. 그분들의 꿈은 하루빨리 영주권이 나와서 한국에 있는 가족들을 초청하는 것이었다. 우리는 그분들과 함께 밥도 해 먹고 설거지도 해 드리고 이런저런 이야기도 나누면서 아버지와 아들 같은 정을 나누었다.

그렇게 새로운 일도 하고, 사람도 만나고, 돈도 벌면서 성공적으로 무전여행을 마친 우리는 그레이하운드 버스를 타고 LA로 금의환향을 했다. 떠날 때는 빈손으로 떠났지만, 돌아올 때는 감사 헌금과 십일조를 제외하고도 몇천 불의 돈을 손에 쥔 채였다. 마중 나온 여자친구 조이와 조이의 어머니는 의젓해진 태섭이의 모습을 보고 기뻐했고 덕분에 내 점수가 확 올라갔다.

실제로 태섭이는 무전여행을 통해 생전 처음 자기 손으로 일을 하면서 힘들게 돈을 벌어 보았다고 했다. 그리고 나서 '지금처럼 살면 안 되겠다. 더 열심히 살아야겠다'라는 각오가 생긴 것 같았다. 그는 그때 처음 취직했던 야채 가게에서 잘리고, 정비 가게로 옮겨서 일을 했는데 훗날 그 일이 직업이 되었다.

돈 한 푼 없이 떠난 그때의 여행에서도 나는 '내 머리로 할 수 있다. 내 능력으로 할 수 있다'라고 생각한 적이 한 번도 없었다. 떠날 때도, 도착해서도, 막막한 순간마다 기도로 하나님의 도우심을 구했다. 그리고 역시 '하나님만 붙들면 어디서든 어떻게든 살 수 있다'라는 것을 다시 한번 경험했다. 젊은 시절 하나님과 함께 떠났던 아주 귀한 무전여행이었다.

제2부

공부의
밑바닥에서

06

팬티와 담배, 그리고 공중전화

밸런타인데이에 형네 부부와 저녁 식사를 하다가 옛날 연애 시절 이야기가 나왔다. 지금의 홍성진을 만든 것은 동서가 아니냐는 형수님의 말에 아내와의 추억이 떠올랐다.

스무 살 동갑내기로 만난 아내, 조이(Joy)는 팔방미인이자 양갓집 규수(閨秀)였다. 그에 비하면 나는 돈도 없고, 집안도 없고, 공부도 못하고, 뭐 하나 내세울 것이 없었다. 더군다나 그때 나는 존 트라볼타를 흉내낸 파마머리에, 셔츠 앞자락은 열어젖히고, 면도칼 모양의 목걸이를 걸고서 껄렁껄렁 다니던 야만인의 모습이었다. 한마디로 우리의 만남은 타잔과 제인의 만남이라고나 할까?!

부족할 것 없는 그녀가 무엇에 씌었는지 나를 좋아하는 바람에, 바야 흐로 우리의 연애가 시작되었다. 하지만 그때 나는 피어스 칼리지에 서 바닥을 치고 LACC로 옮긴 후 겨우 정신을 차리고 공부에 미쳐 있 을 때라 따로 데이트할 시간이 없었다. UCLA에 다니던 그녀가 우리 학교로 찾아와 도서관에서 함께 공부하는 것이 우리의 연애였다. 나 는 이쪽 책상에서, 조이는 저쪽 책상에서 공부하다가 쉬는 시간에 커 피 한 잔 마시거나, 점심 때가 되어 조이가 싸온 도시락을 함께 먹곤 했다. 조이는 거의 매일 도시락을 싸 왔는데, 나는 태어나서 그렇게 정성스러운 도시락을 받아 먹어 본 적이 없었다. 살림에 서툰 어머니 밑에서 대충 먹고 살다가, 볶음밥 하나라도 고기, 햄, 당근, 완두콩 등 색깔 맞춰 만들어서 예쁜 용기에 담고, 식을세라 보온병에 따끈한 국 물을 싸 오는 그 지극정성에 나는 마음을 확 빼앗겼다. 덕분에 나는 다른 생각 안 하고 공부와 성경, 그리고 한 여자에 집중할 수 있었다.

조이의 헌신적인 뒷바라지 덕분에 LACC 2년을 성공적으로 마친 나 는 UC 버클리에 편입할 수 있었다. 버클리에 갈 때 나는 난생 처음으 로 팬티를 여섯 장이나 갖게 되었다. 전부 조이가 선물해 준 것이다. 그것도 그냥 팬티가 아니라 직접 'Mon', 'Tue', 'Wed', 'Thu', 'Fri', 'Sat'라고 수를 놓은 팬티였다. 매일 갈아입으라는 말이다. 일곱 개가 아닌 이유는 아마 여섯 개가 한 세트여서 그랬던 것 같다.

조이는 속옷뿐만 아니라 내 담배에도 관여하기 시작했다. 그때가 '말보르 레드 하드팩'을 하루 한 갑씩 피울 때인데, 담배 중에서 제일 센 것이다. 버클리 가서도 계속 담배를 피웠는데, 조이가 어느 날부터 하필이면 '카툰(Carlton)'이라는 담배를 일주일 치씩 소포로 보내 주는 것이 아닌가! 그것은 니코틴과 타르가 가장 적게 함유된 것으로 유명한 가장 약한 담배다. 약한 것도 성에 안 차는데, 잘 빨리지도 않아서 힘겹게 빨아 대야 겨우 연기가 나오니까, 솔직히 담배 같지도 않았다. 내다 버리고 싶었지만, 그렇게 정성스럽게 보내 주는 것을 차마 그럴 수가 없었다. 울며 겨자먹기로 할 수 없이 피우게 되었는데, 그로 인해 생각지도 못한 부작용이 생겼다. 순하디 순한 그 담배에 익숙해지니까 남들이 피우는 담배는 머리가 핑 돌아서 피울 수 없게 되어 버린 것이다. 약한 것은 맛이 안 나고 센 것은 못 피우겠고…. 차라리 안 피우는 것이 낫겠다 싶어, 그때 담배를 확 끊어 버렸다. 조이의 전략이 적중한 것이다.

조이가 준 속옷을 입고, 조이가 준 담배를 피우고, 조이가 보내 준 커피를 마시며 마음을 달래긴 했지만, 사랑하는 사람을 자주 만날 수 없는 것은 힘이 들었다. 휴대폰도 없던 시절이라 우리는 주로 공중전화를 이용해서 사랑을 속삭였다. 그때는 공중전화마다 번호가 있어서 그곳으로 걸려오는 전화를 받을 수 있었다. 전화는 돈이 있는 조이가 주로 했다. 시간을 정해 조이가 기숙사에서 전화하면 내가 공중전화 옆에서 대기하고 있다가 전화를 받는 식이었다. 그 시간에 어떤 눈치 없는 놈이 공중전화를 오래 붙들고 있으면, 내가 막 뭐라고 해서 쫓아내기도 했는데…. 참, 돌이켜보면 순수했던 시절이다.

피어스 칼리지에서 완전 망해 버린 나에게 하나님은 LACC에서 성경과 조이를 주셨다. 조이는 마음 붙일 곳 없었던 나에게 아내와 엄마 역할을 해 주었다. 조이에게서 안정감을 얻고 굶주림이 채워진 나는 오랜 방황을 접고 공부에 전념할 수 있었다. 여자를 만나도 이상한 여자를 만났으면 같이 이상해졌을지도 모르는데, 다행히 하나님께서 착하고 건설적인 여자를 보내 주셨다. 조이를 못 만났으면 지금의 나는 없었을 것이다.

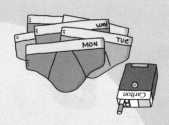

조이가 준 속옷을 입고, 조이가 준 담배를 피우고,
조이가 보내 준 커피를 마시며 마음을 달래긴 했지만,
사랑하는 사람을 자주 만날 수 없는 것은 힘이 들었다.
휴대폰도 없던 시절이라 우리는 주로
공중전화를 이용해서 사랑을 속삭였다.

07

할렐루야, D 학점!

LACC를 우수한 성적으로 졸업하고 버클리 대학 정치학과에 편입을 했다. 그때가 미국에 온 지 5년 정도 되었을 때니, 아직 영어가 딸릴 때였다. 그런데 정치학은 얼마나 말로 먹고사는 학문인가! 공부가 쉬울 리가 없었다.

그런데도, 온실 속에서 공부만 하다가 대학에 온 아이들은 멋모르고 1, 2학년 때 열심히 놀다가 성적을 바닥에 까는 경우가 많다. 하지만 이미 그 대가를 충분히 치러 본 나는 커뮤니티 칼리지에서 받았던 성적을 유지하기 위해 죽기살기로 공부만 했다. 또 남는 시간에는 성경 읽기와 주일학교 봉사에 열심을 냈다. 다른 곳에 정신 팔지 않고 공부와 신앙생활에만 몰입했던 참으로 행복한 시간이었다.

그렇게 열심히 공부한 덕분에 4학년 1학기 때 이미 조지타운 법대에 합격했고, 졸업도 '우등'으로 결정이 되었다. 이제 다 끝내 놓았으니 좀 놀아도 되겠다 싶어서, 마지막 학기는 수업에 출석을 거의 안 하고 있었다. 그러다 기어이 일이 터졌다.

'미국 정치학' 학기말 논문을 같이 수업 듣던 한국 유학생에게 빌려 주었는데, 그 형이 그대로 베껴 썼다가 걸린 것이다. 논문을 빌려주게 된 것은 그 형이 자기는 성적을 'C', 'D'로 깔아 놔서 이번에도 성적이 안 나오면 제적되어 한국으로 돌아가야 될 상황이라며 통사정을 했기 때문이었다. 그대로 쓰지 말고 고쳐 쓰라고 당부까지 하면서 빌려줬는데, 그 형은 토씨 하나 안 바꾸고 그대로 베꼈다가 조교(TA)에게 걸려 버리고 말았다. 베껴도 작작 베껴야지, 어떻게 그걸 그대로 베껴 쓸 생각을 했을까? 시간이 없어서 그랬는지, 학생이 몇백 명이니까 넘어갈 수도 있다고 생각했던 건지, 아무튼 요행을 바랐던 것 같다. 그렇게 들켰으면 자백을 해야 되는데, 본인이 쓴 것이 맞다고 시치미를 떼는 것이 아닌가! 기가 막힐 노릇이었다.

더 억울한 것은 조교가 그 형의 말은 믿고 내 말은 안 믿어 주는 것이었다. 조교에 의하면, 그 사람은 100% 출석에 항상 맨 앞에서 열심히 공부하던 성실한 학생이었고, Hong(나)은 수업 시간에 도무지 본 기억이 없었다는 것이다. 그러니 베낀 사람은 분명히 나라는 것이다. 조교의 확고한 오해로 인해, 결국 그 형은 'A'를 받고 나는 'F'를 받게되었다. 게다가 나는 부정행위를 했다고 학교 징계 위원회에 회부되었다. 그 형에게 제발 진실을 말해 달라고 사정했지만, 그 형은 "너는 공부도 잘하고 조지타운도 되었으니, 나보다 형편이 좋지 않냐"라며 나자빠져 버렸다.

눈앞이 깜깜해졌다. 내가 어떻게 버클리에 왔으며, 여기 와서 얼마나 열심히 공부했는지가 주마등처럼 지나갔다. 영어가 딸리니까 하루에 고작 서너 시간 자면서 정말 목숨 걸고 공부하지 않았는가! 내 인생에서 버클리 3학년부터 4학년 1학기 때까지처럼 열심히 공부한 적은 없었다. 그런데 졸업을 앞둔 이 마당에 억울하게 'F'를 받게 되다니, 어떻게 이런 일이 있을 수 있단 말인가! 나는 학점에 딱 맞춰서 수업을 들었기 때문에 여기서 'F'를 받으면 학점 부족으로 졸업을 못하는 상황이었다. 졸업을 못하면 대학원도 1년 늦춰질 뿐 아니라, 부정행위에 연루되었기 때문에 학교 징계 위원회에 회부되고, 그러면 법대 대학원을 가는 것 자체가 취소될 수도 있었다. 더군다나 한 학기를 더 다닐 경우 학비 보조금은 지원되지 않는데, 우리 집 형편에 보조금 없이 어떻게 대학을 다닌다는 말인가!

일단 무슨 수를 써서라도 졸업을 해야 하는 것이 급선무였다. TA를 찾아가서 제발 낙제만 면하게 해 달라고, D 학점이라도 달라고 사정을 했지만 소용없었다. 학점을 고칠 수 있는 유일한 사람은 교수인데, 프랑스 학술 회의 참석 중이라 9월에나 온다고 하는 것이 아닌가. (그때는 아직 5월이었다.)

지푸라기라도 잡는 심정으로 물어물어 버클리 북쪽에 있는 교수의 집을 찾아가, 그 부인을 만났다. 그리고 한 청년의 인생이 망가지게 생겼으니 살려 달라고, 제발 D 학점이라도 받을 수 있도록 교수님께 말해 달라고 애원을 했다. 그때 그 부인은 영화 〈바람과 함께 사라지다〉에 나오는 멜라니처럼 인자하고 착하게 생긴 50대 백인 여성이었는데, 내가 하는 말을 어찌나 고개를 끄덕이면서 잘 들어주던지, 절박한 마음에 그나마 큰 위로가 되었다.

하지만 그 부인이 아무리 친절해도 내 학점은 여전히 'F'로 남아 있었다. 그렇게 호소를 하는데도 교수는 쉽게 마음을 바꾸지 않았다. 내 인생에서 'D'라는 학점을 그렇게 받고 싶었던 적은 그때가 처음이었다. 'D'는 절대 우습게 볼 학점이 아니다. 'D'까지는 학점이 나오지만 'F'는 안 나오기 때문에 수업을 다시 들어야 하니 말이다. 졸업을 하고 못하고가 'D'냐, 'F'냐 한 끝발에 달려 있지 않은가! 참으로 피가 마르는 시간이었다. 내 졸업식에 참석하기 위해 LA에서 올라오시는 아버지와 어머니, 누나와 매형, 그리고 여자친구에게 뭐라고 말을 해야 할 지 몰랐다.

할 수 없이 또 기어 들어갔다. 회개의 기도가 절로 나왔다. "하나님, 잘못했습니다. 제가 지금까지 온 것은 하나님의 은혜인데, 그걸 그새 홀랑 잊어버렸습니다. 어느 순간 제가 잘 나서 그리된 것으로 착각하고 교만을 떨다가 이제 쫄딱 망하게 되었으니 이를 어쩌면 좋습니까. 제가 이제 죽게 되었사오니, 한 번만 살려 주시옵소서."

하나님은 울며불며 자신에게로 나아오는 자식을 절대 외면하지 않으신다. 혼낼 때는 혼내더라도 일단은 살길을 마련해 주신다. 하나님의 은혜로 마지막 순간에 교수는 극적으로 마음을 바꿔 주었고, 결국 나는 금쪽같은 D 학점을 받고, 제때 졸업할 수 있었다. 할렐루야, D 학점!

08

대륙 횡단 신혼여행과
나의 IMF 사태

기적적으로 버클리를 졸업하고, 워싱턴 D.C.에 있는 조지타운 법대
에 들어갈 수 있게 되었다. 당시 5년 된 여자친구였던 내 아내도 워싱
턴 D.C.에 있는 어느 치과 대학원의 입학 허가를 받아 놓고 있었다.
LA 근교에 살면서 UCLA를 다니던 그녀가 굳이 머나먼 그 학교에 지
원한 것은 나와 가까이 있으려는 속셈이 크게 작용하였다.

이 사실을 알게 된 그녀의 집은 발칵 뒤집어졌다. 5년이나 연애한 혈
기 왕성한 처녀 총각이 뚝 떨어진 타주에서 붙어 있게 되면 무슨 일
이 벌어질지 불 보듯 뻔하다고 생각하신 것 같다. 그녀의 부모님은 결
혼하지 않고는 그 학교에 절대 딸을 보낼 수 없다고 최후통첩을 보내

셨다. 나중에 딸 둘을 가진 입장이 되고 보니, 왜 그렇게 기겁을 하셨는지 충분히 이해가 간다. 하지만 당시 나는 결혼할 처지가 아니었다. 나이도 어리지, 공부도 계속해야 하지, 형도 아직 장가를 안 갔지, 무엇보다 땡전 한 푼 없는 빈털털이였다. 하지만 그녀의 부모님이 워낙 강경했기 때문에 결혼하지 않고 같이 떠날 수는 없었다.

부랴부랴 결혼 준비가 시작되었다. 결혼식은 아내가 다니던 교회에서 하기로 했다. 두 집 모두 여유 있는 형편이 아니었기 때문에, 결혼식에 많은 돈을 쓸 수가 없었다. 총 예산을 4천 불(약 5백만 원)로 잡고 우리는 각각 양가로부터 2천 불씩 빌렸다. 사용한 비용을 축의금에서 갚기로 하고, 선물보다는 현찰을 원한다는 것을 여기저기 넌지시 알려 두었다. 그리고 초대장이며, 꽃이며, 사진이며, 모든 결혼 준비를 돈 들이지 않고 우리 손으로 직접 만들고 친구들을 동원하여 해결했다. 결혼식에는 감사하게도 많은 하객들이 참석해 주었고, 덕분에 결혼 비용을 제하고도 어느 정도의 여윳돈을 손에 쥘 수 있게 되었다.

그 돈으로 우리는 픽업트럭을 한 대 샀다. 여기저기 꾸미고 지붕까지 얹어서 캠핑카처럼 멋지게 꾸민 그 트럭은 신혼부부의 재산 1호가 되었다. 우리는 그 트럭에 동부로 갈 이삿짐을 실은 후, 꼬박 열흘 길의 대륙 횡단 신혼여행을 떠났다. 그때 우리 손에 있던 것은 2천 불 정도의 돈과 '유니언 76' 주유소 카드뿐이었다. 양가의 도움 없이 살아가기에 넉넉한 돈은 아니었지만, 그것 때문에 주눅들거나 초라함을 느끼지는 않았던 것 같다. 우리에게는 돈 주고도 살 수 없는 젊음이 있었으니까….

하지만, 말이 신혼여행이지, 그 여행은 신혼의 낭만과는 거리가 멀었다. 돈이 너무 없었기 때문이었다. 우리 신혼여행의 키워드를 꼽으라면 '유니언 76' 주유소 카드와 '모텔 6'를 들 수 있겠다. 왜냐하면, 돈을 아끼기 위해 '유니언 76' 카드가 되는 곳만을 찾아 다니고, 숙소도 당시 하룻밤 17.99불(약 2만 원)로 제일 쌌던 '모텔 6'만을 찾아다녔기 때문이다.

라스베가스, 유타(Utah)의 브라이스 캐니언(Bryce Canyon), 위스콘신(Wisconsin), 시카고(Chicago)를 지나왔던 대륙 횡단 신혼여행은 내가 결혼을 했고 이제는 한 집안의 가장이라는 현실을 새삼 깨닫게 해 주었다. 매일매일 꼬박 8시간 정도의 운전을 하고, 낯선 곳에서 그때그때 싸고, 좋은 끼니와 잠잘 곳을 찾아야 하는 것은 가장인 내 몫이었다. 문득문득 두려움이 밀려왔다. '낯선 동부에서 학업도 새로 시작하고 신혼살림도 새로 시작해야 하는데, 둘 다 잘해 나갈 수 있을까? 이것도 저것도 망쳐 버리면 어떡하지?' 하지만 곧 하나님이 키워 주신 내 안의 야성이 고개를 들었다. '내가 누구인가. 어린 시절부터 산전수전 겪으며 웬만한 고생에는 단련된 사람이 아닌가! 더구나 지금 내 옆에는 오랫동안 함께하기를 기다려 왔던 여자친구가 드디어 내 아내가 되어 앉아 있지 않은가! 지금까지 지켜 주신 하나님이 앞으로도 지켜 주실 거야!'라고 생각하자 용기가 생겼다.

그렇게 대륙을 무사히 횡단하고 조지타운에 도착해서 우리는 먼저 '거라지 세일'(중고장터) 하는 곳을 찾아다니며 테이블이며 램프 등의 살림살이들을 몇 불이라는 싼값에 건졌다. 침대도 장만해야 했는데, 다리까지는 못 사고 메트리스만 사서 졸업할 때까지 썼다. 소파는 선배에게서 물려받았다.

그렇게 해서 신혼살림을 시작했지만, 하루하루 돈이 떨어져 가는 것이 조마조마하던 차에, 다행히 학교에서 장학금과 학비 보조금이 나와서 형편이 조금 좋아졌다. 숨 좀 돌리게 되니, 제일 먼저 결혼 비용으로 부모님께 빌린 2천 불을 갚아야겠다는 생각이 들었다. 아버지는 페인트칠 하시고 어머니는 바느질 하시며 근근히 생활하시는 두 분이 전 재산과 다름없는 2천 불을 나에게 주셨으니 얼마나 쪼들리실까 하는 생각에 계속 부담을 느끼던 참이었다.

그래서 장학금 중 2천 불을 떼어서 부모님께 갚았는데, 이 일로 인해 생각지도 못한 부부 싸움이 크게 벌어지게 되었다. '지금 우리 생활비도 부족한데, 어떻게 이걸 갚을 생각을 해?', 그리고 '결혼 자금 대준 것을 받는 부모님이 어디 있냐'라며 아내가 열이 받았던 것이다. 그러면서 질세라 자기도 2천 불을 떼어서 자기 부모님께 갚아 버리고 말았다. 한 달에 600불로 겨우 살고 있는 처지에, 졸지에 4천 불이 빠져나가면서 우리 집안은 갑자기 IMF 사태를 맞이하게 되었다. 나는 그것을 메꾸기 위해 일을 해야만 했고, 덕분에 못하던 공부는 더욱 못하게 되었으며, 그 와중에 아이까지 생기면서 돈과 시간에 더욱 쪼들리는 생활을 하게 되었다.

지금에야 웃으면서 할 수 있는 옛날 이야기가 되었지만, 당시 우리는 매일매일이 살아남기 위한 전쟁이었다. 그렇게 좌충우돌 20대를 겪고 또 수도 없는 파란만장한 사건들을 겪으며 30대, 40대, 50대를 지나 이제 우리 부부는 60대 중반이 되었다. 인생을 함께한 연애 시절 포함, 거의 45년이 되었다.

우리가 다시 한번 대륙 횡단 여행을 한다면, 20대의 신혼여행과는 사뭇 다른 여행이 될 것이다. 주머니가 훨씬 넉넉해졌으니 더 좋은 차를 타고, 더 좋은 음식을 먹으며, 더 좋은 곳에서 잠을 잘 수 있을 것이다. 하지만 정말 가난했던 신혼여행 시절 느꼈던 그 행복을 다시 맛볼 수 있을까? 젊고 패기만만했던 나 자신으로 다시 돌아갈 수 있을까? 무엇보다 나를 이 세상 최고의 남자로 봐 주었던 아내 모습을 다시 볼 수 있을까? 아무리 생각해도 이제는 물 건너간 이야기인 것 같다.

그 돈으로 우리는 픽업트럭을 한 대 샀다.
여기저기 꾸미고 지붕까지 얹어서 캠핑카처럼 멋지게 꾸민 그 트럭은
신혼 부부의 재산 1호가 되었다. 우리는 그 트럭에 동부로 갈 이삿짐을 실은 후,
꼬박 열흘 길의 대륙횡단 신혼여행을 떠났다.

09

조지타운 법대에서 또 바닥을 치다

한국을 비롯해 정재계 유력 인사들의 자제들이 많이 다니던 조지타운 법대에서 나는 뭐 하나 내세울 것 없는 학생이었다. 따라서 공부만으로 승부를 봐야 했지만, 공부 꽤나 한다는 학생들이 모인 그 학교에서 살아남는 것은 쉬운 일이 아니었다. 법대 공부를 따라가려면 학생들끼리 스터디 그룹을 하는 것이 필수였다. 법대 공부는 읽어야 할 책과 공부할 양이 혼자서 감당하기에는 도저히 불가능하게 만들어져 있다. 거의 일주일에 책 한 권 정도를 읽어야 했는데, 아침부터 저녁까지 아무것도 안 하고 책만 읽어도 혼자서는 다 읽을 수 없는 양이었다. 그러니까 네 명 정도가 스터디 그룹을 해서 각자 한 권씩 읽고 요약해서 서로 나누지 않으면 공부를 따라갈 수가 없는 것이다. 그런데 나에게는 들어오라고 하는 스터디 그룹이 없었다. 동양인이지, 영어도 그렇지, 성적도 그렇지, 이것저것 보이지 않는 레벨을 감안했던 것 같다. 혼자 공부해야 하는 나는 경쟁에서 더욱 불리한 상황이 되었다.

그 와중에 큰딸이 태어났다. 우윳값과 기저귓값을 벌어야 했기에, 모정치 연구소에서 일을 시작했다. 죽자 사자 공부만 해도 모자를 터인데, 일까지 해야 했으니 성적이 제대로 나올 리가 없었다. 법대 삼사백 명 중에 거의 바닥이었다. 나는 잘나가면 열심히 하고 잘 안 되면 그냥 손을 놔 버리는 성격이다. 공부가 잘 안 되니, 결국 '에라이~!' 하고 손을 놓게 되었다. 아침에 아내가 싸 준 샌드위치를 들고 학교에 가서 공부 대신 팩맨과 갤럭시 게임에 미쳐서 2시간씩 하곤 했다.

나는 마음이 불안해 교회로 도피했다. 학교 공부는 도저히 못 따라가겠지, 생계는 불안하지, 당시 나의 유일한 안식처는 교회였다. 그곳에서 성가대와 주일학교 교사, 한글 학교 교사 등으로 열심히 봉사 했다. 그렇게 열심히 교회를 섬기는데, '아무려면 하나님이 나몰라라 하시겠는가. 성적을 올려 주시든지 생계를 해결해 주시겠지'라는 생각이 잠재의식 속에 있었다. 그러나 기대했던 일은 일어나지 않았다. 공부는 여전히 밑바닥이요, 먹고살 길은 막막했다. 하나님의 섭리 속에서는 학생이면 공부를 했어야 했고, 공부를 했어야 성적이 나오게 되어 있었던 것이다.

법대는 1학년 때 20% 안에 드는 것이 중요하다. 왜냐하면 1학년 성적으로 여름 방학 인턴십 자리가 결정되고, 졸업하기 전에 그 회사에서 오퍼를 받고 취직하는 것이 일반적인 절차이기 때문이다. 그런데 나는 성적이 너무 안 좋았기 때문에 인턴십을 구하지 못한 채로 2학년, 3학년을 다니게 되었다. 결국 공부를 다 마쳤지만 취직도 못하고 졸업도 6개월 늦춰진 채, 할 일 없는 신세가 되고 말았다. 같이 공부했던 친구들이 졸업을 하고 양복에 넥타이를 매고 하나둘씩 번듯한 직장에 들어가는 것을 보면서, 내 속은 까맣게 타 들어갔다.

6개월을 놀던 어느 날, 나는 아파트 창을 통해 텅 비어 있는 주차장을 바라보고 있었다. 그 넓은 주차장에 몇 대의 차들만 덩그러니 남아 있었다. 그중 한 대가 갈 곳 없는 나의 픽업트럭이었다. 마음이 복잡했다. 앞으로 어떻게 할 것인가. 동부에 계속 남아 있어야 할 것인가, 아니면 한인들이 많은 뉴욕이나 LA로 갈 것인가. 그곳으로 간다면 변호사로 자리를 잡을 수 있을 것인가. 자리가 없으면 무엇을 해야 한단 말인가. 두려움이 엄습해 오면서 마음의 안정을 찾을 수가 없었다.

그때 내 옆에는 두 살 된 큰딸이 혼자 장난감을 가지고 놀고 있었다. 당시 공부하러 간 아내를 대신해 놀고 먹고 있던 내가 딸을 돌보고 있었는데, 스트레스로 신경이 날카로워지니까 한창 재롱 떠는 아이를 보면서 예쁜 줄도 몰랐다. 아이가 먹다가 뭘 흘리거나 울기라도 하면 괜히 쥐어박고 혼내서 더욱 울리곤 했다. 지금 생각하면 우리 예쁜 딸에게 그렇게 한 것이 너무 미안하지만, 그때는 정말 마음의 여유가 없었다. 우리 딸이 그때를 기억하지 못하길 바랄 뿐이다.

그리하여 나는 다시 갈 곳 없이 벼랑 끝에 서게 되었다. 다 늦게 브라질에서 미국으로 넘어와서 깡패짓하느라 겨우겨우 고등학교를 졸업했고, 그 이후에 하나님의 기적 같은 은혜로 대학을 졸업하고 여기까지 왔는데, 이게 뭐란 말인가! 스무 살 때 피어스 칼리지에서 바닥을 쳤을 때의 상황으로 다시 돌아간 것이다. '어떻게든 되겠지' 하는 마음도 있었지만, 인간적인 방법으로는 어떻게 될 수가 없는 상황이었다. 또 하나님 말고는 방법이 없었다. 다시 성경을 펴고 하루에 다섯 장씩 읽어 내려가기 시작했다. 그때 내 인생을 바꿀 운명적인 전화벨이 울렸다.

결국 공부를 다 마쳤지만, 취직도 못하고
졸업도 6개월 늦춰진 채, 할 일 없는 신세가 되고 말았다.
같이 공부했던 친구들이 졸업을 하고 양복에 넥타이를 매고 하나둘씩
번듯한 직장에 들어가는 것을 보면서, 내 속은 까맣게 타 들어갔다.

10

공부 못한 것도 축복이었다

성적이 너무 안 좋으니 취직할 엄두도 못 내고 절망의 밑바닥에서 헤매고 있을 때였다. 내 운명을 바꿔 줄 전화 한 통이 걸려 왔다. 나의 버클리 기숙사 동기이자 현재 리&홍의 파트너인 친구 '앤드류 리'에게서 온 것인데, LA에 있는 'H'라는 로펌에서 변호사를 구하니까 지원해 보라는 것이었다. 원래 본인이 받은 오퍼였는데, 자신은 이미 다른 곳에 가기로 해 놓은 터라 나를 추천한 것이다.

하루하루 피를 말리며 놀고 있던 차에 이게 웬 떡이란 말이냐! 생각하고 말 것이 없었다. 당장 그 로펌에 전화해서 인터뷰 날짜를 잡았다. 너무 절박한 느낌을 주면 안 되니까, 어차피 LA에 갈 일이 있었는데 마침 잘되었다는 식으로 이야기했더니, 그쪽에서도 매우 반겼다. 만약 인터뷰 때문에 일부러 오는 거라면 로펌에서 비행깃값을 줘야 하는데, 그 돈이 굳었기 때문이다.

나는 이 일은 분명한 하나님의 역사라고 믿고서 금식 기도로 준비를 한 후에, 주위에 기도 부탁을 하고 LA로 날아갔다. 인터뷰는 그 로펌의 대표 변호사와 함께 LA 다운타운에 있는 호텔에서 점심을 먹으면서 진행이 되었다. 이야기를 나누면서 브라질과 미국에서 산전수전 겪으면서 익힌 화려한 언변과 깍듯한 매너를 보여 줬더니, 그는 이미 내게 마음을 빼앗긴 듯했다.

인터뷰가 끝난 후 호텔 주차비를 3불씩이나 내고 30분 정도 걸려서 집으로 돌아왔는데, 문을 여는 순간 전화벨이 울렸다. 그 로펌의 대표였다. 언제부터 일을 시작할 수 있느냐는 것이었다. '되었구나!' 나는 속으로는 만세를 부르면서도 너무 덥석 받는 것처럼 보일까 봐 침착함을 유지하려 애를 썼다. 아내와 상의한 후 내일 연락 드리겠다고 하고서 일단 전화를 끊었다.

보통 취직이 되려면 사전에 이력서와 추천서를 넣어서 서류 심사를 받고 1차, 2차 인터뷰를 거쳐 최종 인터뷰까지 해야 한다. 만약 제대로 그 과정을 거쳐야 했다면, 나는 일단 성적 때문에 서류 심사에서 떨어졌을 것이다. 하지만 하나님께서 역사하시니까 많은 절차가 생략되고 일사천리로 진행이 된 것이다.

'할렐루야! 드디어 내게도 출근할 곳이 생겼다.' 성적 때문에 취직을 못하는 것이 창피해서 어머니나 아내에게도 말을 못 하고 하나님께 매달렸는데, 내 기도를 들어 주신 것이다. 일을 시작하게 된 내 각오는 남달랐다. 정상적으로 취직을 한 사람과 비교하면, 나는 죽었다 살아난 사람이나 마찬가지였다.

그때 아내는 아직 동부에서 학교를 다니고 있었고, 애는 어머니가 봐 주시던 때라 혼자만의 시간이 많았기 때문에, 나는 아침부터 저녁까지 무조건 일만 했다. 법대에서 제대로 공부를 못 했기 때문에 이제부터 제대로 변호사로서 실력을 쌓겠다고 생각했다.

그렇게 일을 시작하고서 한참 후에 깨달은 것이 있는데, 하나님께서 내게 행하신 것은 고작 실업자 신세를 면케 해 주신 정도가 아니었다. 사실, 내가 들어간 곳은 미국의 약 천여 개 로펌 중에서 유일하게 내가 성공할 수 있는 곳이었다.

그곳은 한국 굴지(屈指)의 로펌과 제휴되어 있으면서 주로 한국 대기업 관련 사건만 취급하는 중견 로펌이었는데, 직원이 얼마 안 되니까 신입인 나도 들어가자마자 직접 고객을 만나서 상담하는 일선에 뛰어들게 되었다. 나는 원래 앉아서 서류와 씨름하는 것보다는 밖에 나가 사람을 만나서 대화하고 협상하는 일이 적성에 맞는 사람이었기에, 물 만난 고기처럼 안팎으로 활개를 치고 다녔다.

회사에서도 내 능력을 높이 샀다. 왜냐하면 책상에서 일할 사람들은 많지만, 나가서 사람 만나는 일을 할 사람은 없었기 때문이었다. 그런데 아홉 살 때부터 벤데돌을 하면서 사람들을 만나 왔던 내가 오랫동안 몸에 밴 적극성과 깍듯함으로 고객들을 사로잡으며 맹활약을 했으니 얼마나 반가웠겠는가.

내가 만약 공부를 잘해서 대형 미국 로펌에 취직되었다면 어떻게 되었을까? 보통 미국 로펌은 신참이 들어오면 3~4년 동안은 도서관에서 자료 조사나 서류 작업을 하게 한다. 그 동안은 아예 고객을 직접 만나 볼 기회가 없는 것이다. 책상에 앉아 있는 것을 싫어하는 내가 그 기간을 과연 얼마나 버틸 수 있었을까? 버텼다고 치자, 주류 백인들 사이에서 동양인이며 영어도 완벽하지 못한 내가 얼마나 실력 발휘를 할 수 있었을까? 아마 보이지 않는 차별에 시달리며 지겹고 무기력한 직장 생활을 할 수밖에 없었을 것이다.

그때 'H 로펌'에 들어간 것이 지금 '리&홍'의 기초가 되었으니, 공부를 못한 것이 나에게는 오히려 좋은 기회가 된 셈이었다. 우리가 하나님을 믿는다고 해서 항상 뭔가 잘되는 것은 아니다. 하지만 아무리 절망스러워도 하나님께서 도와주시려고 마음 먹으시면 그 상황은 역전된다. 하나님은 없으면 없는 대로 부족한 것을 이용해서 최상의 것을 만드실 수 있는 분이시기 때문이다.

지금도 세계 각지에서 공부를 못하고 있는 사람들에게 외치고 싶은 말이 있다. "공부 못하시는 여러분, 내 말을 들으시오. 공부 못한다고 절망하지 마시오. 공부 못해도 어떻게든 쓰임받을 수 있다오. 그러니 약할 때 강함 되시고, 빈 잔을 채우시는 하나님을 꼭 의지하시오."

제3부

개업의
밑바닥에서

11

지진도 축복이었다

'H 로펌'에서, 나는 마치 보디발의 집에 있는 요셉처럼 파트너의 깊은 신임을 받았다. 아직 변호사 시험을 치르기 전이라 정식 변호사가 아니었음에도 불구하고 일곱 명의 선임 변호사들을 관리할 정도였다.

그러나 결정적으로 나에게는 변호사 면허증이 없었다. 이미 일을 잘하고 있으니 면제해 준다고 하면 좋으련만, 그런 법은 없으니 빨리 시험을 봐야 했다. 바쁘게 일하는 와중에 틈틈이 공부해서 시험을 치뤘다. 결과는… 불합격이었다. 실망했지만 한편으로는 당연한 결과였다. 취직하려고 지킨 6개월간의 거룩과 순종의 시간을 마감하고 4년 만에 LA로 돌아와 이미 화류계의 길을 터놓았던 친구들과 밤마다 어울렸으니 공부를 했으면 얼마나 했겠는가.

변호사 시험에 떨어지고 회사 사람들 볼 면목이 없었는데, 고맙게도 로펌 대표가 적극적으로 나를 위로하고 격려해 주었다. 브라운 주지사도 두 번 떨어졌고, 아들 케네디도 떨어진 적이 있다고 얘기해 주었다. 마치 한 번에 붙는 것은 촌스러운 일인 것처럼 말이다. 물론 나에게 힘을 주기 위해 이야기한 것도 있었지만, 그에게는 다른 계산도 작용했던 것으로 보인다. 변호사 면허가 없으니까 같은 일을 시키면서 월급을 적게 줘도 되었기 때문이다.

어쨌든 나로서는 자존심 때문에라도 빨리 합격해야만 했다. 한 번이야 그럴 수 있다 쳐도, 두 번째는 떨어질 수 없는 일 아닌가. 마음을 다잡고 시험 공부에 전념했다. 그런데 시험 보기 몇 주 전부터 시름시름 아프더니 덜컥 폐렴에 걸려 버렸다. 낫겠지 낫겠지 했지만 시험 공부는 물론이고 시험장조차 갈 수 없을 정도였다. 결국 시험을 치루지 못하고 말았다.

아팠던 것은 내 사정이고, 그 사정을 누가 알아준단 말인가. 더구나 나는 명문 학교를 졸업하고 이미 변호사 일을 하고 있는 터인데, 변호사 자격 시험을 두 번이나 떨어지다니 망신도 이런 망신이 없었다.

이번에도 떨어지면 끝장이라는 절박한 심정으로 다시 세 번째 시험 공부를 했고, 드디어 포모나(Pomona) 시험장에서의 시험 날이 되었다. 3일 동안 각각 객관식 문제, 에세이, 실습 과목을 치루는 일정이었다. 첫날, 객관식 시험은 오전과 오후 시험이 있었다. 오전 시험은 술술 풀렸다. 만점 받는 것 아닐까 싶은 정도였다. 그런데 종료 5분 전 갑자기 시험장이 마구 흔들리는 게 아닌가! 지진이었다. 그것도 규모 6이 넘는 큰 지진이라 대피령이 내려서 모두 튀어나와야 했다. 그래서 오후 시험이 취소되었는데, 나는 오전 시험을 너무 잘 봤기 때문에 안심하고 있었다.

둘째 날, 에세이는 엄청 못 봤다. 셋째 날, 실습은 그저 그렇게 봤다. 그래도 첫째 날 시험을 거의 완벽하게 보았기 때문에 어찌되었든 합격은 할 수 있을 것 같았다. 그런데 갑자기 하늘이 노래지는 소식이 들려 왔다. 첫째 날 시험을 지진 때문에 완료하지 못했기 때문에 그날 시험을 무효로 하고, 대신 둘째 날 시험 점수를 두 배로 계산하겠다는 것이었다! 둘째 날 시험은 내가 완전히 망친 시험이 아닌가. 그 점수를 두 배로 친다니, 떨어져도 매우 확실하게 떨어졌을 거라 생각했다.

시험을 세 번이나 떨어진 것은 변호사를 관두라는 얘기나 다름없었다. 로펌에서는 보통 변호사 시험에 두 번 떨어지면 해고된다. 이제다 끝났다고 마음을 접고 나니 오히려 마음이 편해졌다. 나는 그동안양복을 쫙 빼 입고서 고객을 만나고 선임 변호사들을 관리하며 성공한 예비 변호사로 으쓱했던 것을 내려놓았다. 그동안의 화류계 생활을 정리하고 뻔뻔하지만 다시 성경을 손에 들었다. 취직한 이후 오랜만에 읽는 성경이었다. 시편과 잠언부터 읽어 내려가기 시작했는데,그때는 왜 그렇게 쾌락, 죄, 음녀, 옛사람에 대한 이야기가 유독 많이나오던지… 마치 골수를 쪼개는 것 같았다. 하지만 하나님 앞에서 회개하고 다시 결단하는 그 시간은 참으로 오랜만에 가져 보는 하나님과의 친밀한 시간이었다.

합격자 발표하는 날, 나는 아예 신문을 들여다볼 생각도 하지 않고,곧 짐을 싸야겠다고만 생각하고 있었다. 그런데 놀랄 만한 일이 벌어졌다. 친구가 인터넷에서 봤다며 변호사 시험에 합격한 것을 축하한다고 전화를 걸어 온 것이다. 확인해 보니, 정말이었다! 나는 기쁘면서도 어안이 벙벙했다. 그럴 리가 없는데 도무지 왜 합격했는지 영문을 몰랐다. 아무튼 내가 영문을 모른다고 해서 합격이 취소되는 것도아니고, 그 감격은 이루 말할 수가 없었다.

그로부터 10년 후, 우연히 내 친구를 통해 합격의 비밀을 알게 되었다. 그 친구는 늦은 나이에 변호사 공부를 하고 있었는데, 실습 문제 중 포모나 지진 때의 변호사 자격 시험에 관한 것이 있었다고 한다. 내가 보았던 바로 그 시험 말이다. 친구에 의하면, 그 시험의 점수를 매길 때, 처음에는 지진 당일인 첫날 오전 시험을 취소하는 것으로 결정했으나, 다시 회의를 한 후에 오히려 오전 시험 점수를 두 배로 쳐주었다는 것이다.

그제야 비로소 나는 지진이 하나님의 역사인 것을 알게 되었다. 지진 때문에 망했다고 생각했는데 사실은 지진 때문에 살아난 것이다. 내가 하도 말을 안 들으니까, 하나님은 또다시 지진으로 밑바닥까지 가게 했다가 다시 살리신 것이다. 그러니까 변호사 라이센스는 내 실력으로 받은 것이 아니라 하나님이 기적을 통하여 주신 것이다. 그러니 나는 잘난 척하고 싶어도 잘난 척할 수가 없고, 교만하고 싶어도 교만할 수가 없다. 그렇게 나를 빚어 가시는 하나님의 섭리는 참으로 오묘하다. 이번에는 '지진'이라는 기발한 방법으로 말이다.

12
개업하고 빚더미에 앉다

'H로펌'에서 3년여를 근무한 후, 독립하여 버클리 기숙사 동기인 '앤드류 리'와 함께 변호사 사무실을 개업했다. 그때가 1991년 3월 1일이었다. 로펌의 이름을 '리&홍'으로 할 것인지, '홍&리'로 할 것인지는 그리 오래 고민하지 않았다. '리앤홍'이 '홍앤리'보다 발음이 자연스럽고, 리가 나보다 성실하니까 '리&홍'으로 하고, 그 대신 제일 큰 방인 코너 오피스는 내가 사용하기로 했다.

'리&홍'은 코리아타운을 중심으로 하여 한국과 관련된 국제 무역 자문과 소송에 주력하는 것을 목표로 하였다. 당시 한국 쪽 법률 서비스는 주로 KS(경기고, 서울법대) 출신의 1세들이 인맥과 학연으로 꽉 잡고 있어서, 우리 같은 1.5세 교포가 감히 뚫을 수 없는 철옹성 같은 네트

워크였다. 당시 미국에서 공부한 교포 변호사들은 대부분 대형 미국 로펌을 가거나, 아니면 코리아 타운에서 주로 상해법, 이민법, 가정법을 했다. 그런데 당시 한국에 아무런 인맥이 없는 우리가 한국 대기업을 상대로 하는 로펌을 하기로 한 것은 누가 봐도 큰 도전이었다. 하지만 우리는 이거 아니면 안 한다는 각오로 그 분야의 전문화, 차별화를 추구했다. 그 결과… 사건이 없어서 7개월을 굶었다. 사무실이라고 차려 놓고 유지비는 꼬박꼬박 들어가는데, 버는 것은 없으니 신용카드를 긁어 가며 사는 수밖에 없었다.

그렇게 쪼들리는 와중에 집은 왜 샀는지, 집 사느라 빌린 돈을 못 갚아서 경매(foreclosure) 직전까지 가게 됐다. 또 술집은 왜 그렇게 다녔는지 술값까지 빚에 보태졌다. 그동안 학교에만 있으면서 공부하고 성경 읽고 살아오던 나에게 처음 가 본 술집은 별세계(別世界)였다. 내 발로 먼저 찾아가기 힘든 그 세계에 쉽게 입성한 것은 먼저 길을 터놓고 기다렸던 '의리' 있는 친구들 덕분이었다. 아무튼 처음 가 본 그 세계의 유혹이 얼마나 강렬했던지, 나는 걷잡을 수 없이 빠져들었고 이렇게 좋은 것을 금지하시는 하나님이 원망스럽기도 했다. 숯을 만지면 더러워지는 것을 피할 수 없듯이, 나는 가지 말아야 할 곳을 다니면서 하나님께서 원하시는 깨끗한 삶으로부터 점점 멀어졌다.

그래도 주일마다 교회는 빼놓지 않고 갔다. 기도를 할라치면 지은 죄가 많으니까 저절로 회개가 되고, 쥐구멍이라도 있으면 들어가고 싶은 심정이었다. 하나님께 죄송한 마음에 뭐라도 해야 할 것 같아서 성가대를 비롯해 교회 봉사를 열심히 하려고 애썼다. 나를 잘 모르는 교인들이 그런 나를 겸손하고 신실한 젊은 집사로 오해하는 바람에, 나는 더 몸 둘 바를 몰랐다. 당장 술집에 가는 것을 끊지도 못하면서, 하나님께 얻어맞고 패가망신 당할 것이 두렵기도 했기에, '술 먹고 회개하고 술 먹고 회개하고'를 무한 반복했던 나날이었다.

그동안 사무실은 계속 빚 잔치를 하고 있었다. 신용 카드로 돌려 막기를 하다가 안 되니까, 나중에는 술집의 주방 아주머니, 마담에게까지 사채를 빌리는 상황이 되었다. 엎친 데 덮친 격으로 그 와중에 회사 돈 떼먹고 도망간 인간까지 있어서 회사 빚이 순식간에 몇십만 불이 되었다. 이 빚을 갚으려고 앤드류 엄마가 계를 들고 나도 친구들과 주변 사람들을 불러모아 계를 들었다. 계주를 하며 차명까지 이용해서 앞 번호들을 내 앞으로 했다. 그 계를 타 먹으면서 하루하루 위태로운 줄타기를 했다.

그런데 빚은 그것이 전부가 아니었다. 개인적으로 아내와 합쳐서 몇

십만 불의 학자금 빚과 20개의 신용 카드를 포함하니 빚이 무려 70만 불이나 되었다. 그 돈을 어느 세월에 다 갚나, 도무지 답이 안 나오는 금액이었다.

다시 나는 밑바닥으로 굴러떨어졌다. 소망이 보이지 않았다. 피어스 칼리지에서 F 학점을 맞던 시절로 다시 돌아간 것이다. 이 로펌이 어떤 로펌인가? 하나님께 개업 예배 드리고 축복 기도를 받으며 시작한 회사가 아닌가! 이곳이 하나님의 전이 되어 선한 영향력을 끼치고 하나님의 영광을 위해 이 회사를 바치겠다고 하지 않았는가! 그나마 'H 로펌'에서는 월급이라도 받았기에 빚은 없었는데, 괜히 잘난 척하면서 개업해 가지고, 시작한 지 1년도 안 되어서 폭삭 망한 것이다. 집은 강제 경매 상태이고, 아내에게 생활비를 가져다줄 형편도 못 되었다.

'결국 여기서 주저앉고 마는구나. 도대체 70만 불을 언제 다 갚는다는 말인가.' 내가 살면서 여러 위기를 겪어 왔지만 이번 일은 이전 것들과 달랐다. 그 전에는 공부를 못하면 못한 것이고, 취직을 못 했으면 못 한 것이고, 시험에 떨어지면 떨어지는 것이고, 그래 봤자 '제로'가 되는 것이지 '마이너스'는 아니었는데, 이번에는 처음으로 마이너스 인생이 되어 버린 것이다. '원점으로 돌아가려면 도대체 얼마의 시간이 걸릴 것인가.' 앞으로 5년에서 10년은 더 잘 살기 위해 전진하는 것이 아니라 '제로'를 향해서 가는 것이고, 그다음부터 '제로'에서 다시 쌓아야 하는 인생이 되어 버리고 만 것이다. 그 와중에 파트너 두 명은 도저히 못 하겠다고 나가 버리고, 나는 사면초가의 사태에 직면하게 되었다. 기도를 하는데 눈물이 멈추질 않았다. '주여, 제가 범죄했나이다. 여기까지 오게 해 주신 하나님을 제가 또 배신했습니다.'라고 울부짖으며 회개했다.

염치없지만, 다시 또 성경 다섯 장씩 읽으면서 하나님께 매달리고 있는데, 믿을 수 없는 일이 일어났다. 당시 엄청난 양의 부실 대출로 인해 S은행이 기울어지면서 은행 감독국의 경고를 받아 100여 건의 대출 회수 소송 건이 생겼는데, 그 사건들이 모조리 우리 로펌으로 들어온 것이다. 이 일로 우리 로펌에 돈이 돌기 시작하면서 회생의 조짐이 보이기 시작했다.

그 100여 건의 소송이 모두 우리 로펌으로 들어오게 된 것에는 사연이 있다. 이전에 S은행이 어려워지면서 은행 직원들은 은행 감독국의 삼엄한 폐쇄 경고 속에서 잘못을 시정하라는 요구를 맞추느라 거의 매일 밤 12시까지 야근을 해야 했다. 나는 매일 저녁 로펌에서 퇴근하면 그 은행으로 출근해서 같이 야근을 하며 공짜로 법률적인 도움을 주었다. 당시 나도 좋은 형편이 아니었지만, 그동안 고객과 변호사로서 함께 일을 해 온 그들이 너무 안쓰럽고 뭐라도 도움이 되고 싶어서 그렇게 했던 것이다. 그렇게 1년여를 같이 저녁 시켜 먹으면서 야근을 하다 보니, 우리 사이에는 끈끈한 정이 생기게 되었고, 시간이 흐른 뒤에 소송 건이 생기자 이번에는 그들이 나를 도와주게 된 것이었다.

이런 예상치 못한 일을 통해서도 역사하시는 하나님의 도움으로 우리 로펌은 살아나기 시작했다. 그동안 나는 계를 몇 개 더 들어서 돈이 생기는 대로 열심히 빚을 갚아 나갔다. 그리고 2~3년이 지난 어느 날, 자고 일어나 보니까 그 빚이 어디로 갔는지 다 없어져 버렸다. 그때가 내 나이 서른네 살이었는데, 변호사 사무실 개업한 이후 처음으로 수중에 만 불을 만져 봤다. 그 엄청난 빚은 인간의 계산으로는 갚을 수가 없는 돈이었기에 하나님께서 갚아 주셨다고 말할 수밖에 없다.

돌이켜보면 내 인생은 끊임없는 사사기의 이야기이다. 범죄하고 망하고 부르짖으면 살려 주시고, 또 범죄하고 망하고 부르짖으면 살려 주시고의 반복이었다. 나 같으면 몇 번 봐 줬는데, 또 그 모양이면 쳐다보지도 않을 텐데 하나님은 속도 없으신지, 매번 나를 일으켜 주시곤 했다. 그래서 오늘도 나는 염치없지만 또다시 하나님께 돌아간다.

13

신용 불량도 축복이었다

행운이 찾아왔다. 내가 가주 S은행의 사외 이사로 선임된 것이다. S은행이 은행 감독국으로부터 한국에서 온 주재원 이외에 미국 현지 전문인들을 이사로 선임하라는 요구에 따라 미국 내 변호사를 한 명 물색하고 있었다. 그런데 다른 쟁쟁한 변호사들은 제치고 미주 행장이 30대 중반의 젊은 나를 선임해 준 것이다. 은행 사외 이사는 대출심사와 인사 문제를 비롯해 은행 경영 전반에 걸쳐 중요한 의사 결정을 하는 명예로운 자리였다.

이것은 나 개인뿐 아니라 '리&홍'에게도 엄청난 기회였다. 대표 변호사인 내가 은행 사외 이사라고 하면 외부적으로는 믿을 수 있는 은행 전문 로펌이라는 이미지를 굳힐 수 있고, 내부적으로는 S은행에서 나오는 사건을 선점할 수 있는 유리한 위치에 서게 되는 것이다. 그야말로 명예와 실리라는 두 마리 토끼를 잡을 수 있는 황금 기회가 개업한지 얼마 안 된 신참 변호사인 나에게 떨어진 것이다. 게다가 S은행은이미 우리의 주 고객이 아닌가.

생각할수록 기분 좋고 뿌듯했다. 그러나 기쁨도 잠시, 은행 감독 기능을 가지고 있는 FDIC(연방 예금 보험 공사)에서 제동을 걸어 왔다. 신원조사를 해 보니 나의 신용이 엉망이라는 것이다.

결국 FDIC는 "어떻게 은행 변호사의 신용이 이렇게 안 좋을 수 있느냐, 신용 카드가 20개나 연체이고, 집도 강제 경매 상태인데, 이런 사람이 어떻게 은행 이사를 하겠냐"라며, 나의 사외 이사 선임을 기각했다. 이 소식을 들은 한국 S은행 본사와 실무진은 발칵 뒤집혔고 나를 추천한 S은행 미주 행장과 임원진은 이로 인해 본사로부터 큰 곤욕을 치렀다. "이런 신용 불량 변호사를 누가 사외 이사로 추천했냐?", "아니, 그래도 명색이 버클리와 조지타운 법대를 나온 미국 변호사인데, 어느 정도 수준이 있을 줄 알았지"라는 말이 본사와 지사간에 오고 간 것도 창피한데, 급기야는 지사 사람들에게서 홍 변호사불쌍하다면서 2만 불 단기 융자를 해 줘서 신용 카드 빚을 부분적으로 갚도록 해 주자는 이야기까지 나왔다고 한다. 결국 은행에서는 신용이 너무 안 좋아서 무담보로는 안 되고 로펌의 책상, 컴퓨터, 미수채권 등을 담보로 잡고 융자를 해 주었다. 그나마 이것도 훗날 은행 감독국으로부터 "이런 신용 불량자에게 왜 융자를 해 줬냐"라고 지적을 받았다고 한다. 망신도 이런 망신이 없었다. 로스쿨에서는 성적이 나빠서 문제가 되더니 로펌에서는 신용이 나빠서 문제가 되고 만 것이다. 너무 창피해서 고개를 들 수가 없었다.

그런데 그렇게 망신을 당하고서 내가 놓친 그 자리는 '행운의 자리'가 아니라 '독의 자리'라는 것이 몇 년 후 밝혀졌다. IMF 때, S은행이 망하자 그 은행의 이사들이 모두 FDIC의 블랙 리스트에 오르고 앞으로 다시는 은행 및 금융과 관련된 일을 평생 못 하도록 제한이 생겨 버린 것이다. 또한 은행 경영 과실의 책임을 물어 이사마다 한 사람 앞에 50만 불씩 CMP(Civil Money Penalty)라는 거액의 벌금이 부과되었다. 가슴이 철렁했다. 만약 그때 신용이 좋아서 이사가 되었더라면 어찌할 뻔했는가! 내가 신용 불량자가 아니었다면 어찌될 뻔했는가! 정말 큰일 날 뻔했다. 신용 불량도 하나님 안에서는 축복이 될 수 있다.

14

나 대신 음주 운전으로
감옥 가신 예수님

세상 즐거움에 취해 정신 못 차릴 때의 일이다. 연말이라 이런저런 모임에 참석하다 보니 술자리를 피할 수 없게 되었다. 솔직히 굳이 피하려고 노력했던 것 같지도 않다. 그렇게 살던 시절이었으니까.

12월 23일, 연말 모임의 최고조를 달리던 그날도 여지없이 손님과 초저녁부터 술을 마셨다. 혼자 마신 양으로만 1차로 보드카 마티니 스트레이트업 석 잔을 먹고, 2차로 와인 한 병을 먹고, 3차로 소주 한 병 반을 먹고 맥주로 입가심을 한 상태였으나, 나는 운전대를 잡았다. 지금은 꿈도 못 꿀 일이지만, 그때는 아무리 먹어도 얼굴색 하나 안 변할 정도로 술이 센 것만 믿고서 그런 정신없는 짓을 했던 것이다.

차를 몰고 헤롱헤롱 올림픽길로 오다 보니 웨스턴길을 지나자마자 오렌지콘으로 길을 막아 놓은 것이 보였다. 어이쿠! 음주 운전 단속 중이었다. 정신이 번쩍 들면서 빠져나갈 길이 있는지 살펴보았지만 앞뒤로 갇혀서 나갈 수가 없었다. 차와 함께 땅으로 꺼지든지, 하늘로 솟구치고 싶은 심정이었다.

그럴 수는 없으니 속수무책으로 다가오는 경찰을 기다릴 수밖에 없었다. '쿵쿵' 내 심장 소리와 함께 경찰이 다가왔다. "술 마셨어요?" "맥주 몇 잔 마셨습니다." 보통 이럴 때 경찰은 음주 측정기를 들이댄다. 그렇게 했다면, 무조건 나는 음주 운전으로 걸리게 되어 있었다. 그런데 내가 워낙 자신 있게 말해서 그랬는지, 경찰은 측정기 없이 테스트하기로 마음을 먹은 것 같았다. "차 밖으로 나와 봐요." 경찰의 지시에 따라 밖으로 나오는데 다리가 후들후들 떨렸다. 경찰이 테스트를 시작했다. "1부터 100까지 홀수만 세어 보세요." "짝수만 세어 보세요." "거꾸로 세어 보세요." 맨정신으로 해도 쉽지 않은 것을 3차의 음주 상태에서 해야만 했다.

눈앞이 깜깜했다. 그동안 내가 음주 운전으로 감옥에 간 클라이언트들을 수도 없이 빼내 왔는데, 내가 가게 생긴 것이다. 더군다나 변호사가 음주 운전으로 걸리면 변호사 윤리법을 어긴 것이라 변호사 협회에 보고가 되는 등, 내 이력에 흠집이 생기게 된다. 이런저런 생각이 순식간에 머리 속을 지나갔지만, 무엇보다 가장 두려웠던 것은 아내의 경고였다. 만약에 한 번이라도 DUI(음주 운전)에 걸리면, 평생 술을 한 방울도 못 마시게 하겠다고 했던 것 말이다. 내가 하도 술을 먹고 운전을 하고 다니니까 그런 최후통첩을 날린 것이었는데, 앞으로 술을 못 먹게 된다니… 생각하고 싶지도 않은 일이었다.

무슨 일이 있어도 여기서 빠져나가야 했다. 간절한 기도가 절로 나왔다. '하나님, 잘못했습니다. 무사히 통과하게 해 주세요. 앞으로 술을 안 먹겠다고 말씀은 못 드리지만, 다시는 술 먹고 운전은 안 하겠습니다. 제발 살려 주세요.' 기도하면서 죽을 힘을 다해 크게 소리를 지르면서 숫자를 세는데 한 20여 분이 흘렀던 것 같다. 시험은 그것으로 끝이 아니었다. "차선 똑바로 걸어 보세요." "오른발 올리고, 코 잡고, 균형을 잡아 보세요" 등, 몇 가지의 다른 테스트가 이어졌다.

주변에는 이미 음주 운전에 걸려서 닭장 차 같은 곳에 갇혀 있는 사람들이 술이 다 깼는지 웃기도 하고 소리를 지르기도 하면서 말똥말똥 나를 지켜보고 있었다. 아마 그들은 내가 자신들과 같은 신세가 되기를 바랐을지도 모른다.

하지만 나는 시험에 기적적으로 패스했다. 아직도 술 냄새가 풍기는 것 같은 나를 그냥 보내려니, 경찰도 좀 미심쩍은 듯했지만, 닭장 차에 있는 수많은 증인들이 목격한 마당에 어쩔 수 없었는지 다음과 같이 말했다. "You can go."

운전대를 다시 잡고 집으로 향하는데 그렇게 눈물이 날 수가 없었다. 평생 몇 번 울어 본 적도 없는데 말이다. 나의 음주 기도에도 응답해 주신 하나님께 너무 감사하고 감격해서 나오는 눈물이었다. 혹 누군가가 "그렇다면, 그 닭장 차에 갇힌 사람들 중에 기도한 사람이 한 명도 없었을까요? 하나님이 왜 당신 기도만 들어줬는지 설명해 보세요"라고 묻는다면, 나는 할 말이 없다. 모른다. 하지만 복음은 이런 것이 아닐까? 분명 내가 음주 운전으로 감옥에 갔어야 했는데, 예수님께서 대신 감옥에 가 주시고 나는 자유로운 몸이 되는 것 말이다. 집으로 돌아가는 내내 감사의 눈물이 흘렀다. 구원의 감격이 밀려왔다.

다음 날 크리스마스 이브가 되었고, 저녁에 온 가족이 모여서 예배를 드리고 밥을 먹었다. 예년과 같은 평범한 크리스마스 이브였다. 그 자리에 있던 다른 사람들에게는 말이다. 하지만 나에게는 그럴 수가 없었다. 생각해 보라. 내가 만일 그 전날 음주 운전 단속에 걸려 닭장 차를 타고 감옥에 갇히게 되었다면, 가족들이 크리스마스 이브를 이렇게 평범하게 지낼 수 있겠는가.

애들이 아빠 어디 있냐고 묻고, 다른 가족들이 연지 아빠를 찾으면 아내는 뭐라고 말을 해야 했겠는가? 술 퍼먹고 감옥에 있다고 해야 했을 것 아닌가. 그것도 크리스마스 이브에 말이다. 내 변호사 이력에 문제가 생기는 것은 나중 문제였다. 그러니 내가 예배를 드리는데 목소리가 떨리고 눈물이 흐르지 않았겠는가! 무슨 영문인지 몰라 어리둥절해 하는 가족들에게 그 이유를 설명하지는 못했지만 말이다.

그날, 가족들과 둘러앉아 하나님께 예배드리고 식사하는 평범한 그 시간이 얼마나 감사하고 감격스러웠는지 모른다. 구원의 감격을 다시 한번 누렸던 크리마스 이브였다.

제4부

일터에서

15

교회를 옮기게 되다

오랫동안 섬기던 교회에서 담임목사와 모 장로 부부 간에 다툼이 심하게 있던 적이 있었다. 나중에 그 장로의 아내가 무릎까지 꿇고 사과했는데도, 목사는 용서하지 못하겠다며 교회에서 나가기를 종용했다. 이 일로 인해 교인들은 목사 편과 장로 편으로 나누어졌다. 예수님께서는 원수도 용서하라고 하셨으니, 상대가 용서를 빌면 당연히 용서해야 한다는 것이 내 생각이었다. 그러나 목사님은 끝까지 자신의 입장을 굽히지 않았다. 그러던 어느 날, 목사님이 전체 안수 집사 10명 중에서 나와 내 사촌 동생을 만나자고 했다. 그러고는 자신의 입장을 지지해 달라고 요구했다. 전혀 와닿지 않는 이야기였다. 목사가 당연히 용서해야 하는 것이 아닌가. 차를 타고 나오면서 나는 영적 지도자를 잃어버린 허탈감에 빠졌다. 그 이후 우리 부부는 교회 옮기는 것을 심각하게 고민하게 되었다.

그러나 교회를 옮기는 것은 쉽지 않은 결정이었다. 무엇보다 마음에 걸리는 것은 내가 전도해서 교회에 다니게 된 초신자들이었다. 교인 150여 명 중 15명이나 되는 그들은 이제 막 신앙의 세계의 입문한 새 싹들이었다. 나는 그때 고구마 전도법에 도전을 받아 전도를 많이 했었다. 나는 비록 술 좋아하는 3류 크리스천이었지만, 최소한 그들에게는 모범적이고 훌륭한 신앙인으로 비춰지고 있었다. 그런 그들을 실족시킬 수는 없는 것 아닌가.

갈등하던 어느 날, 설교가 좋다고 아내가 추천하여 ANC온누리교회에 출석하여 유진소 목사님의 설교를 듣게 되었다. 후에 유 목사님은 내적치유 세미나와 선교를 통해 나에게 영적으로 큰 영향을 미쳤다. 나와 동갑인 그분은 영적 멘토이자 친구처럼 친밀하게 지내는 사이가 되었다. 아무튼 그때 나는 이분의 설교를 듣고 결심했다. '바로 이 교회다. 내가 전도한 사람들은 하나님께 맡기고 나는 이 교회로 옮겨야겠다.' 그리고 다음 날 출근했는데, 의사인 친구에게서 마른 하늘에 날벼락 같은 이야기를 듣게 되었다. 아내가 유방암이라는 것이었다. 이렇게 되니까 교회 옮길 때가 아니라 사람을 일단 살려야 했다. 더군다나 교인들이 심방을 오고 울면서 열심히 중보 기도를 해 주고 있는 상황에서, 교회 옮긴다는 말을 꺼낼 수는 없었다.

1년여 동안 아내는 투병 생활을 했고, 수술과 키모와 방사선 치료가 하나님 은혜로 잘 끝났다. 그리고 나서 나는 지금이 교회 옮길 시기라고 생각했다. 그때 내가 성가대장으로 있을 때였는데 12월 31일, 송구영신 예배를 준비하는 성가대원들에게 마지막으로 간식을 사서 전달하고 새로운 교회의 송구영신 기도회로 발길을 옮겼다.

이 시기는 영적으로 큰 의미가 있다. 만약 아내의 유방암이 아니었다면, 나는 즉흥적으로 교회를 옮겼을 것이다. 그랬다면 베를린 장벽이 무너지듯 벽이 무너져서 내가 전도한 15명을 비롯해 나를 따라나오는 사람들이 있었을 것이고, 내가 교회 몰락의 명분이 될 수도 있었다. 그렇게 되면 우리 어머니가 평생 귀에 못이 박히도록 말씀하신 '절대 교회 분열에 참여하지 말라'고 하신 말씀을 어기게 되는 것이었다.

그런데 아내의 유방암으로 인해 시기를 늦춤에 따라 내가 나오는 것이 교회의 분열과는 상관없는 일이 된 것이다. 그동안 교회는 이미 몰락할 대로 몰락하게 되어 안수집사 10명 중 9명이 이미 교회를 떠났고, 담임목사도 떠났고, 장로 몇 명만이 남아 있는 상황이었다. 내가 전도했던 사람들 중에도 반은 남고 반은 떠났다. 남아 있는 교인이 50여 명 정도였다. 나는 그 교회에서 나오는 마지막 안수집사였다.

이 일로 인해 나는 무슨 일을 할 때, 내 시간에 내 방식대로 하지 말고 하나님의 시간을 기다려야 한다는 것을 깨닫게 되었다. 그러면 하나님은 하나님의 방식대로 자연스럽게 길을 인도해 주신다.

결국 아내의 유방암은 나와 가정의 영적 부흥도 가져왔지만 한 교회가 분열되는 과정에서 내 역할을 철저히 막아 준 계기가 되었다.

그러나 교회를 옮기는 것은 쉽지 않은 결정이었다.
무엇보다 마음에 걸리는 것은 내가 전도해서 교회에 다니게 된 초신자들이었다.
교인 150여 명 중에 15명이나 되는 그들은
이제 막 신앙의 세계의 입문한 새싹들이었다.

16

아내의 유방암과 속아서 한 서원

2002년 방글라데시 의료 선교를 다녀온 직후, 아내는 팔이 아프다고 했다. 진찰 결과, 유방암 2기에서 3기 사이였다. 당시 나는 교회에서 생긴 분열 때문에 교회를 옮기려는 생각 중이었기 때문에, 번뜩 이런 생각이 들었다. '하나님이 내가 교회 옮긴다고 벌을 주시나? 교회를 옮길 수도 있지. 이 교회가 그렇게 대단한가, 유방암까지 주시게? 그런데 그 벌을 왜 죄 없는 아내에게 주신단 말인가. 매일 술 마시며 세상과 벗 삼아 사는 인간은 내가 아닌가.'

나는 동네 탕자 3인방에게 선포했다. "이제 술, 담배는 끝이다. 이것은 더 이상 이중생활 하지 말라는 하나님의 경고야." 그러자 의사인 친구가 말했다. "야, 요새는 유방암 다 고쳐. 수술하면 되지, 그게 뭐

별 거냐?" 정말 그런가 싶어서 인터넷 검색을 해 보았더니, 정말 유방암 완치율이 꽤 높은 것으로 나왔다. 생각해 보니, 고칠 수 있다는데 구태여 나실인으로 돌아갈 이유는 없을 것 같았다. 너무 앞서가는 서원을 하지 말고, 일단 수술 경과를 보기로 했다. 그 대신 술은 조금만 먹고, 기도는 더욱 열심히 하는 것으로 타협을 보았다.

수술은 성공적으로 끝났다. 그러자 동네 탕자 3인방이 말했다. "거봐, 담배 끊었으면 어떡할 뻔 했냐?" 나는 고개를 끄덕였다. "맞다, 맞아. 큰일 날 뻔했다."

그런데 어느 날 아침 10시에 의사 친구가 다급한 목소리로 전화를 걸어왔다. 그날은 오후 1시에 유방암 사후 검진을 하기로 되어 있었다. "야, 큰일 났어. 수술은 잘되었는데, 병리학 의사에 의하면 조직검사 결과를 보니까 굉장히 공격적인 암이어서 수술 주변에 다시 급속히 퍼지고 있다고 한다. 어떡하냐?" 친구는 아내가 수술한 병원에서 일하고 있었으므로 미리 검사 결과를 본 것이다. 온 몸에 힘이 다 빠져버린 나는 사무실에서 급히 무릎을 꿇었다. "하나님, 제가 잔머리를 굴렸더니 진짜 손 보시는군요. 경고하셨을 때 들었어야 했는데, 제가 정말 잘못했습니다. 제발, 아내를 살려 주십시오."

괜히 기도하는 척하면서, 방탕한 생활을 고치지 않고 살짝 덮으려고 했던 나를 하나님이 징벌하시는 것 같았다. 급한 대로 뭐라도 해야 했다. 술과 담배를 끊는 것이 제일 먼저 떠올랐다. 이것 끊는다고 우주 만물을 주관하시는 분께 도움될 것은 없겠지만, 내가 귀하게 생각하는 무엇인가를 포기하고 작은 성의라도 보여야 할 것 같았다.

바로 집으로 가서 차고에 숨겨 놓은 말보루 두 보루를 전부 버렸다. 위스키 숨겨 놓은 것도 다 꺼내서 씽크대에 콸콸 부어 버렸다. 영문을 모르는 아내가 놀라서 물었다. "여보, 이게 다 어디서 난 거야? 당신이 숨겨 놓은 거야?" "응. 그런데 이제는 당신을 위해서 다 끊을 거야." "이게 웬일이야! 조니 워커 블랙도 아니고 블루를 버리다니…. 당신 너무 멋져." 자기에게 무슨 일이 생긴 줄도 모르고 마냥 좋아하는 아내를 보면서 내 마음은 더욱 무거웠다.

약속한 시간에 암 전문의를 찾아갔다. 의사는 결과를 보더니 "Everything is fine. You are good." 이러는 거다. 내가 깜짝 놀라서 말했다. "뭔 소리요? 이게 왜 굿이죠? 굉장히 공격적인 암 아닙니까? 내 친구 의사에게서 미리 듣고 왔습니다." 그러자 그 의사는 어이 없어 하며 말했다. "그분은 내과이고 암은 내가 전문입니다. 이건 정상이

에요."

나는 병원을 나오면서 옆 빌딩에 있는 의사 친구 놈에게 전화했다. "야, 이 새끼야! 니가 잘못 얘기해서 괜히 말보루하고 조니 워커 블루만 버렸잖아! 버린 건 괜찮은데, 나 하나님한테 서원했단 말이야. 너 때문에 평생 담배도 못 피우게 됐는데 어쩔 거야? 니가 의사야?" 친구는 겸연쩍게 말했다. "그래? 나는 병리학 의사에게 그렇게 들었는데…. 근데 담배 끊으면 좋은 거지, 뭘 그러냐?"

친구에게 분풀이는 했지만 이제부터가 문제였다. 오진이든 아니든, 하나님께 서원한 것은 무효가 될 수 없으니 지켜야 하는 것 아니겠는가. 참으로 안타까웠다. 3시간만 잘 넘겼으면 되는 거였는데, 쩝….

당장 아내에게 담배 끊는 껌을 사오라고 했다. 그런데 바로 다음 날부터 담배 생각이 전혀 안 나는 것이 아닌가. 열여덟 살 때부터 시작해서 연애하던 5년을 빼고 20년 넘게 하루에 한 갑씩이나 피워 온 담배인데 말이다. 금단 현상도 없었다. 놀라운 것은 이 모든 변화가 아내가 담배 끊는 껌을 사오기 전에 일어났다는 점이다. 아내가 금연 껌을 사 온 것은 일주일 뒤였는데, 오히려 나는 그 껌을 씹고는 어지러워서

쓰러질 정도였다. 일주일 사이에 몸이 완전히 바뀐 것이다.

그때가 2003년 내가 마흔세 살 때였는데, 그날 이후로는 한 번도 담배를 피우지 않았다. 그 서원은 내가 하고 싶어서 한 것이 아니고 친구에게 속아서 했지만, 지키려는 내 마음이 기특하셨는지 하나님께서 지킬 수 있도록 해 주셨다.

17
대머리 독수리

큰딸이 대학 갈 준비를 하던 무렵, 딸이 쓴 대입 에세이를 훔쳐본 적이 있다. "Bald Eagle(대머리 독수리)"라는 제목의 글이었다. 내용은 이렇다.

평소 엄마가 코리아타운 미용실에 가서 파마를 하고 오면, 아줌마 같고 촌스럽다고 생각했다. 그런데 엄마가 암 수술을 받고 키모를 시작하면서 그 풍성했던 머리카락이 뭉텅이로 빠지기 시작했다. 엄마는 아예 머리카락을 다 밀어 버리고 자진해서 대머리가 되셨다. 여덟 번의 항암 치료와 6개월간 방사선 치료를 받는 것이 매우 고통스러웠을 텐데, 엄마는 우리를 위한 뒷바라지를 건너뛴 적이 없으셨다. 평소와 다름없었다. 퉁퉁 부은 얼굴로 대머리에 밴드 하나 두른 채 학교로, 피아노 학원으로 실어 나르고 PTA 모임 및 학교 행사에도 빠지지 않으셨다. 그 모습이 마치 용감한 대머리 독수리 같았다. 그것이 너무 감사하고 존경스럽다고 생각하면서도, 문득 문득 엄마의 촌스러웠던 파마머리가 그리워지곤 한다.

아내가 대머리 독수리였던 시기에 큰딸은 열일곱 살, 작은 딸은 열두 살이었다. 이전까지 나는 한창 일에 바쁘고 세상 즐거움에 빠져 있을 때라 집에 있는 시간이 많지 않았다. 어쩌다 집에 있을 때도 피곤하고 귀찮아서 아이들에게 신경 쓰는 일이 거의 없었다. 아내가 알아서 하겠거니 하고 방목했던 것 같다. 아이들도 공부에 바쁘고 사춘기라 각자 제 방에 들어앉아 있을 때였다. 가끔 대화라고 해 봤자 일방적으로 혼을 낸 것이 대부분이었다. 저절로 아이들과 사이가 안 좋아졌는데, 특히 큰딸하고는 더욱 그랬다.

하지만 아내가 유방암 선고를 받자, 상황은 달라졌다. 나는 정신이 바짝 들었다. 내가 홀아비가 될 수도 있겠다는 생각이 들었다. 엄마를 데려가기에는 우리 아이들, 특히 둘째가 아직 어렸다. 아내를 살리기 위해서는 하나님 앞에 나아가야 하고, 우리 가정에 영적 각성과 부흥이 있어야 한다는 생각이 들었다. 아이들도 엄마가 죽을 수도 있다는 절박함으로 하나님 앞에 매달렸다. 아이들을 포함해 온 가족이 큐티를 시작했고 나도 술을 당분간 끊고 하루에 다섯 장 성경 읽기를 다시 시작했다. 온 가족이 가정예배를 드리고 말씀 읽고 큐티하고 기도하며 하나님 앞에서 똘똘 뭉쳤다. 그렇게 우리 집안에 영적 부흥이 시작되었고, 그렇게 되니까 멀어졌던 나와 아이들의 관계가 회복되기 시작했다. 하나님 앞에서 아내의 암은 그렇게 축복으로 변했다. 교회를 수십 년 다니면서 고난이 축복이라는 말을 많이 들었지만, 그 말이 이런 것이구나 하고 피부로 느꼈던 사건이었다.

암 투병을 하면서도 식지 않았던 아내의 가족 사랑은 헌신 그 자체였다. 아내는 사랑을 하면 열정적으로 하는 사람이다. 나에게 그랬고, 아이들에게도 그랬다. 대학 다니는 큰애의 생일에는 어김없이 미역국을 끓여 넣은 보온병을 안고 보스톤까지 날아가서 다시 렌트카로 2시간을 달려가 주고 올 정도였다. 오랜 시간 힘들게 공부해서 얻은 치과 의사라는 직업도 아이들을 잘 보살피기 위해 기꺼이 포기했다. 딸들을 지키기 위해서라면 아내는 무엇이든 할 사람이다. 아이들도 그 맘을 아니까, 해 달라는 대로 해 주는 호락호락한 엄마가 아닌데도 불구하고, 뭐든지 '오냐 오냐' 하는 나보다 더 극진히 사랑하는 것 같다. 나야 뭐 애들에게 크게 해 준 것이 없어서 질투할 자격도 없고, 그저 내 아이들에게 좋은 엄마를 보내 주신 하나님께 감사할 뿐이다.

18

마지못해 따라간 선교에서 불을 받다

새로 옮긴 교회에서 1년 동안은 집중적으로 양육만 받았다. 새가족 반부터 시작하여 일대일 양육, 다락방장 교육, 성경 통독, 큐티 세미나, 선교 세미나, 내적치유 세미나 등을 통해 처음부터 다시 차근차근 하나님을 알아 갔다. 작은 교회에서 11년 동안 영적 공급 없이 북 치고 장구 치며 쉴 틈 없이 사역만 하느라 지쳐 있던 몸과 영이 충전되기 시작했다. 특히 어렵게 2박 3일의 시간을 내어 참석한 내적치유 세미나를 통해서는 내 상처가 '분노'임을 깨달았다. 나의 문제적 행동의 이유가 거기 있었던 것이다. 나의 그 상처는 내 딸과 손주들에게까지 대물림될 수 있다는 것도 배웠다. 나는 깨달으면 바로 반응하는 사람이다. 나는 그날 밤, 수양관에서 12시가 넘은 시간에 집으로 전화를 걸어서 자는 아이들을 깨웠다. 그리고 그동안 나의 분노로 인해 상처 받았을 딸들에게 진심으로 용서를 구했다. 그리고 앞으로는 화 내지 않고 좋은 아빠가 되겠다고 약속했다. 딸들은 잠 자다가 갑자기 불려 나와 무슨 영문인지도 몰랐을 것이다. 하나님은 그렇게 나와 가정의 상처를 회복시키는 동시에, 멕시코와 중남미 선교의 문을 열어 주셨다.

2005년 1월, 멕시코 '후아레스 신학교'에서 신학생들을 위한 내적치유 세미나가 열리게 되었다. 그때 나의 내적치유 테이블 리더였던 김 모 집사님이 나에게 통역으로 같이 갈 것을 권유하셨다. 이미 참가자 명단에 나를 올려놓고 형식상 묻는 질문이었다. 나는 자의 반 타의 반, 별 다른 기대 없이 따라 나섰다. 그런데 예상치 못한 일이 벌어졌다. 김 집사님이 멕시코로 떠나는 날부터 갑자기 아프기 시작해서 도착하자마자 몸져 눕게 된 것이 아닌가. 도저히 테이블을 인도할 수 있는 상태가 아니었다. 할 수 없이 통역자였던 내가 졸지에 테이블 리더를 맡게 되었다.

내가 맡은 테이블에는 7명의 팀원이 있었다. 그들은 내가 리더라고 하니까 영적으로 뭔가 있겠거니 하고 기대에 찬 눈빛으로 나를 바라보았다. 하지만 나는 줄 것이 없었다. 하나님도 알고 나도 알듯이 아무 준비 없이 오지 않았는가. 큰 실수 없이 2박 3일 보내면 그만이었다. 초반에는 별 일이 없는 듯했다.

하지만 곧 일이 벌어졌다. 갑자기 우리 테이블이 성령의 불을 받게 된 것이다. 성령님이 역사하시자 우리 테이블 팀원들의 입에서는 그 동안 누구에게도 말 못하고 고통스러워하던 상처들이 쏟아져 나오기 시작했다. 너무나 불쌍하고 마음이 아파서 눈물 없이는 들을 수 없는 이야기들이었다. 억눌리고 짓밟히고 학대받은 이야기들이었다. 성령님은 그런 우리를 하나하나 만져 주고 녹여 주셨다. 그렇게 상처가 치유되고 회복되기 시작했다. 죄에서 해방된 기쁨이 얼마나 큰지, 구원받은 감격이 얼마나 큰지, 우리는 사흘 내내 울고 불고 찬양하며 소리를 질렀다. 사흘 내내 부흥회였다. 나는 어찌나 그 감격에 취했던지 나중에는 혼자 걷지 못해서 누가 부축해 줘야 할 정도였다. 그때 하나님께 받은 마음은 '선교에 헌신하라'였다.

미국으로 돌아오자마자 집부터 내 놓았다. 변호사 때려치우고 전 재산을 팔아서 멕시코로 갈 생각이었다. 로펌의 파트너들과 동네 탕자 3인방에게도 "나는 멕시코로 갈 테니, 너희들은 여기서 잘 살아라"라고 선포했다. 하루라도 빨리 가고 싶어 마음이 급했다. 하나님 사랑을 깨닫고 나니 복음을 듣지 못한 사람들이 불쌍해서 견딜 수가 없었다. 매일 출퇴근 시 차 안에서 찬송을 부르며 눈물로 부흥회를 했다. 내가 맡은 테이블, 일곱 명의 얼굴이 매일 생각났다. 나는 매일 그들과 멕시코의 부흥을 위해 기도했다. 기도할 때마다 눈물이 앞을 가렸다. 나중에 그 일곱 명은 모두 목사가 되었다.

그러던 중 사무실 이전 감사 예배가 있었다. 그 자리에서 담임 목사님이 말씀하셨다. "집사님이 선교지에 가시고 싶어 하는 마음은 귀하지만, 선교란 선교사만 하는 것이 아닙니다. 하나님이 집사님을 변호사로 만들기 위해 투자하신 것이 있는데, 그것을 다 포기하는 것이 맞는지 1년의 시간을 두고 기도해 보십시오. 그래도 변함이 없다면 그때가도 늦지 않습니다." 아내 또한 나의 돌발 행동에 당황하며 기도해 보고 결정하자고 설득하던 차였다.

1년이 지난 후, 나는 마음이 바뀌었다. 멕시코로 떠나는 것은 일단 보류하고 본격적으로 선교에 뛰어들었다. 신학교를 통해 멕시코에 800개의 교회를 세운다는 비전을 품고 팀원을 모았다. 나는 핵심 멤버 15명과 매주 모여 뜨겁게 기도하고 찬양하며 신학교 발전 계획을 짰다. 모이기를 얼마나 자주 했는지, 횟수로는 1년에 80회 이상이었고, 비전 800 선교에 참여하는 교인 수가 한때 700여 명이 넘을 정도였다. 이들을 중심으로 멕시코 땅을 향한 하나님의 비전이 실현되기 시작했다.

사실 내가 멕시코의 부흥에 쓰임받을 줄은 꿈에도 몰랐다. 그 전에 나는 멕시코를 좋아하지 않았기 때문이다. 멕시코 사람들을 상종 못할 사람으로 생각했다. 모 은행 변호사로 일할 때 멕시코 공장 부지를 담보로 대출해 주었는데, 멕시코 공증인과 변호사가 뇌물로 주물러 놔서 은행이 큰 손해를 본 적이 있었기 때문이다. 그 일로 인해 내 변호사 이력에 얼마나 큰 위기를 겪었는데, 내가 멕시코 사람들을 좋아할 수가 있겠는가. 그런데 그들을 향한 하나님의 사랑을 깨닫게 되자 멕시코는 더 이상 미움과 증오의 땅이 아니었다. 자나깨나 불쌍해서 견딜 수가 없는 땅이었다. 멕시코는 예나 지금이나 똑같지만, 갑자기 내가 바뀌어 버린 것이다. 내 계획이나 의지와 상관없이 성령님께서 일방적으로 선교의 열정을 퍼부어 주셨던 사건이었다.

19

선교냐, VIP 고객이냐

한국 정부 기관 B가 맡긴 소송은 당시 우리 로펌의 가장 큰 송무 사건이었다. 모 은행과 1억 불 넘는 소송을 진행 중에 있었기 때문이다. 어느 날, B의 한국 본사 사장이 LA를 방문한다는 연락이 왔다. 금요일부터 월요일까지의 방문 일정이었다. 미국에 있는 지사에는 비상이 걸렸다. 지점장 입장에서 본사 사장은 최고의 VIP이다. 신경이 바짝 쓰일 수 밖에 없는 것이, 본사 사장에게 어떻게 보이느냐에 따라 자신의 인사 문제가 결정될 수 있기 때문이다. 그러니 얼마나 최고의 대접을 하고자 애를 쓰겠는가. 통상 어느 정도로 VIP 대접을 하는가 하면, 사장을 모시고 갈 골프장을 사전 답사해 미리 골프를 쳐 보고, 좋은 식당을 예약해 사장이 앉을 자리에서 미리 결정된 메뉴를 먹어 보고, 공항 픽업도 벌금을 감수하고서라도 공항 출입문 바로 앞에서 대기할 정도이다.

우리 로펌에서도 그 사장은 VIP였다. 왜냐하면 당시 그 소송이 주로 우리를 먹여 살리고 있었기 때문이다. 지사에서도 당연히 그 사장과 나하고의 미팅을 잡아 놓았다. 그런데 하필이면 그 시기가 멕시코 선교 일정과 겹치는 것이 아닌가. 더군다나 그 스케줄에는 주일 골프 회동이 있었는데, 나는 선교가 아니더라도 주일에는 교회에 가야 하기 때문에 골프를 치지 않는다. 난감한 일이었다. 그렇다고 선교 일정을 바꿀 수도 없었다. 아니, 바꾸려면 바꿀 수 있지만 그렇게 하고 싶지 않았다. 선교가 비즈니스에 밀리는 것은 내 자존심이 허락치 않는 일이다.

고민이 되었지만 지사장에게 있는 그대로 이야기하는 수밖에 없었다. "선교 때문에 사장을 만날 수 없다. 그리고 선교가 아니더라도 주일에는 교회를 가야 하기 때문에 골프를 칠 수 없다"라고….

지사장은 자신의 귀를 의심하는 듯했다. '이게 웬 자다가 봉창 두드리는 소리인가' 하는 것 같았다. 본사에서 사장이 온다고 하는 마당에, 버선발로 뛰어나가도 모자랄 판에 어디 감히 선교 간답시고 못 나온다는 말이 나오냐는 거다. 그렇지 않아도 기독교에 반감을 가지고 있던 그의 눈에 틀림없이 나는 미친 놈으로 보였을 것이다. 그는 좋게 말해도 내가 뜻을 굽히지 않자, 화가 머리끝까지 나서 급기야는 나를 잘라 버리겠다는 협박까지 했다. 곧 사장이 오니까 당장은 못 자르고 사장이 간 다음에 보자는 것이었다.

하지만 당시 나는 무서울 것이 없었다. 어차피 변호사 때려치우고 선교지에 가려고 했었으니, 잘리는 것쯤은 대수가 아니었다. 그까짓 사장이 아니라 회장이라도 하나님보다 높을 수는 없는 것 아닌가. 하지만 나 개인이 아닌 로펌의 입장을 고려하면 그냥 무시해도 될 일은 아니었다. 사장의 방문 일정은 2주 앞으로 다가왔다.

"하나님, 저는 어떡하면 좋겠습니까. 비즈니스 때문에 선교 일정을 바꾸고 싶지 않습니다. 세상 일을 하나님 일보다 우위에 두고 싶지 않습니다. 그런데 상황은 이렇습니다. 어떻게 좀 해 주십시오."

그 2주 동안에도 지사장과의 옥신각신은 계속되었다. 일정을 바꿔라, 못 바꾼다, 다른 변호사를 보내겠다, 홍변호사가 직접 와야 된다, 잘라 버리겠다, 그래도 못 바꾼다, 가만 안 두겠다…. 큰소리는 쳤지만 마음이 편할 리가 없었다. 기도밖에는 믿을 것이 없었기에 새벽기도에 나아가 김모 사장, 김모 이사, 이모 부장 등 온다는 세 명의 이름을 불러 가면서 매일 부르짖으며 기도했다.

그러던 어느 날 지사장이 전화를 했다. "You Are Lucky." 이유인 즉슨 사장의 딸이 교통사고가 나서 병원에 입원을 해서 미국 방문 일정을 변경했다는 것이다. 새로 잡힌 방문일은 그다음 주 수요일로 늦춰졌다. 내가 선교 다녀온 이후였다.

나는 계획대로 선교 여행을 떠났고, 선교지에서는 기대했던 것보다 큰 하나님의 역사가 기다리고 있었다. 원래는 신학생 몇 명을 모집하러 간 것이었는데, 아예 '비전교회'라는 결연 교회에서 자기네 청년부들을 신학교로 보내 주겠다는 약속까지 받았으니 말이다.

비즈니스도 비즈니스 대로 문제없이 잘 끝냈다. 금요일에는 프레젠테이션과 미팅을 성공적으로 잘 끝내고, 토요일에는 골프도 함께 기분 좋게 치고 나서 사장이 매우 흡족해하며 한국으로 돌아갔으니 말이다. 만약 내가 선교를 포기하고 비즈니스를 선택했더라도 이런 결과가 있었을까? 이것은 선교와 VIP 고객과의 영적 전쟁에 기도로 맞서서 싸워서 얻은 값진 승리였다. 이것보다 더 큰 승리도 있었다. 기독교와 나를 매우 싫어했던 그 지사장이 교회를 다니게 된 것이다.

20

원수의 목전에서 상을 베푸시다

당시 H사는 우리 로펌의 주요 고객 중 하나였다. C차장은 H사의 담당자로서 나와 인연을 맺은 사람이다. 업무로 만났지만 5년 가까이 함께 밥도 먹고 골프도 치면서 인간적인 정을 쌓아 가던 사이였다. 그가 임기 만료로 귀국을 하게 되자, 나는 그날 최고급 골프장에서 골프를 치고 최고급 식당에서 거하게 송별식을 해 주었다.

문제는 식사 후에 벌어졌다. 갑자기 그가 2차를 가자고 하는 것이 아닌가. 나는 그런 술집을 끊은 지 오래였다. 그 사실을 그도 알고 있었다. 그런데 그날은 꼭 그곳에 가야겠다고 우기기 시작했다. 마지막인데 그까짓 것도 못해 주냐는 식이었다. 마지막이든 뭐든, 나는 하나님과의 약속을 깰 생각이 없었다. 아무리 달래도 막무가내로 고집을 피우는 그를 어쩔 수가 없어서 나는 먼저 집에 와 버렸다. 나중에 들어보니, 그는 결국 2차를 갔고 꽤 많은 비용을 자비로 지불했다고 한다. 월급쟁이로서는 부담이 컸을 것이다.

그렇게 그는 귀국했고, 어느 정도의 시간이 흐른 후 이상한 일이 벌어지기 시작했다. H사의 사건이 줄어들기 시작한 것이다. 이유를 모른 채 5년 정도의 시간이 흘렀고, 그 사이에 사건은 아예 씨가 말랐다. 도대체 무슨 영문인가 싶어서 이리저리 알아보았더니 그 중심에 'C 차장'이 있었다. 이 사람이 그때 내가 술집에 같이 안 가 준 것에 앙심을 품고서 고의적으로 우리 로펌을 보이콧 하고 있었던 것이다. 심지어 다른 부서로 이동하면서까지 절대 '리&홍'을 쓰지 말라고 매뉴얼에 남겨 놓았다고 한다. 뿐만 아니라 잊을 만하면 한 번씩 연락해 혹시 '리&홍'에게 사건이 가고 있는지 확인까지 한다는 것이다. 어떻게 이런 사람이 다 있을까. 미국에 있을 동안 내가 얼마나 잘해 줬는데, 마지막 그 한 건으로 이렇게 치사하게 나오다니⋯. 우리는 사건을 찾아오기 위해 백방으로 노력했지만, 그가 얼마나 치밀하고 집요하게 조치를 취해 놓았는지, 모두 헛수고였다. 그가 살아 있는 동안에 사건이 돌아올 가능성은 없어 보였다.

나 때문에 '리&홍'에 큰 타격이 생기자 살짝 후회가 되기도 했다. '그까짓것 한번 가 줄걸 그랬나. 내가 뭐 그렇게 의로운 사람이라고…' 하는 생각이 들었다. 그러나 비록 내가 거룩한 사람은 아닐지라도 하나님 앞에서 지키고 싶은 마지노선이라는 것이 있다. 그것을 깨는 것은 내 신앙의 자존심이 허락하지 않았다.

그렇게 마음을 접고 있던 몇 년 후, 갑자기 H사로부터 사건이 들어오기 시작했다. C차장이 가만 있지 않을 텐데, 무슨 영문인지 궁금했다. 알고보니 C차장이 해고되었다는 것이다. 그런데 그 이유가 더 놀라웠다.

C차장은 승진하여 현지 공장에서 임원으로 근무하고 있었다. 그런데 그가 어느 날 대낮부터 술에 취해 화장실에서 소변을 보다가 막말을 써 가며 회사 욕을 실컷 했다고 한다. 옛말에 낮 말은 새가 듣고 밤 말은 쥐가 듣는다고 했다. 아니나 다를까 그 이야기를 화장실 문 안에서 들은 사람이 있었으니 바로 그 회사의 회장이었다. 주로 자신의 전용 화장실을 이용하는 회장이 그날따라 급했던지, 직원 화장실에서 볼일을 보고 있었던 것이다. 볼일을 보면서 울그락 불그락 하던 회장은 결국 그를 해고했다.

C차장이 해고된 후, 하나님의 여러 가지 역사가 있었고, 드디어 H사로부터 다시 사건이 들어오기 시작했다. 그런데 규모가 이전에 비할 바가 아니었다. 일이 어찌나 밀려오는지, 무려 이전의 10배 정도였다. 한두 명의 변호사가 담당하던 그 회사 일은 아예 전담 사무소를 개설해야 할 정도였다. 전담 변호사도 그 당시 7명으로 늘렸다. 오렌지카운티에 개설한 그 사무소의 개업 예배를 드리러 가는 날의 큐티 말씀은 시편 23편 5절이었다. "주께서 내 원수의 목전에서 내게 상을 차려 주시고 기름을 내 머리에 부으셨으니 내 잔이 넘치나이다."

나를 핍박했던 C차장은 불명예스럽게 퇴사하고, 나는 그 회사에 화려하게 복귀하게 되는 상황과 꼭 맞아떨어지는 말씀이 아닌가. 원수의 목전에서 상을 베푸시고 의를 위해 받은 핍박을 10배로 갚아 주시는 하나님께 감사와 찬양을 드리지 않을 수 없었다. 주여! 내 잔이 넘치나이다.

나 때문에 '리&홍'에 큰 타격이 생기자
살짝 후회가 되기도 했다. '그까짓것 한번 가 줄걸 그랬나.
내가 뭐 그렇게 의로운 사람이라고…' 하는 생각이 들었다.

21

100명을 품고 화를 참다

내가 출석하는 교회에는 선교부에 '비전 800팀'이라는 것이 있다. 멕시코에 있는 신학교를 통해 멕시코와 중남미에 800명의 영적 리더를 세워 그들이 그 땅을 변화시키게 하자는 비전을 품고 만들어진 팀이다. 내가 그 비전 800팀장이 되었을 때, 나는 멕시코 후아레스 신학교 졸업식에 우리 교인 100명을 참석시키는 것을 기획했다. 허무맹랑한 꿈이었다. 그동안 기껏해야 10여 명이 졸업식에 참석하곤 했기 때문이다. 하지만 나는 멕시코 신학생들에게 "우리는 미국에서 여러분을 잊지 않고 있으며, 여러분을 위해 기도하고 있습니다. 그러니 용기를 내세요"라는 메시지를 전해 주고 싶었다. 100명은 그것을 상징하는 숫자였다. 그런데 너무 시간이 없었다. 기획한 때가 3월인데, 졸업식은 5월이었다.

나는 '졸업식 100명 참석'을 위해 절대 화를 내지 않겠다고 마음먹었다. 뜬금없는 결심이지만, 나는 그것이 성령 충만의 표시가 될 수 있다고 생각했다. 워낙 다혈질인 내가 스트레스 많은 로펌을 이끌면서 화를 내지 않는 것은 쉽지 않은 일이다. 잘못한 일에 대해서는 호되게 지적하고 경고해야만 했다. 만만하게 보이면 똑똑하고 말 잘하는 변호사들을 관리할 수가 없기 때문이다. 그러니 하루아침에 나긋나긋해지는 게 어디 쉬운 일이겠는가. 하지만 오로지 '졸업식 100명 참석'만을 꿈에 그리며 매일매일 기도와 말씀으로 무장하고 화를 내지 않기 위해 안간힘을 쓰고 있었다.

신학교 졸업식 몇 주 전, 나는 오래 전부터 계획되어 있던 결혼 20주년 기념 유럽 가족 여행을 가게 되었다. 그런데 기분을 망치는 일이 생겼다. 돌아올 때 보니 아내와 작은딸은 비행기 예약이 되어 있는데, 나와 큰딸의 이름은 예약자 명단에서 빠진 것이다. 여행사의 실수였다. 비행기 탑승 시간이 다 되어 할 수 없이 아내와 작은딸을 먼저 비행기에 태워 보내고, 항공사의 도움을 받아 여기저기 검색해 본 결과 나와 큰딸의 이름이 엉뚱한 비행기의 예약자 명단에 들어 있는 것을 발견했다. 그것도 이미 그 비행기는 떠난 후였다. 할 수 없이 다른 비행기를 예약하고 기다려야 했는데, 그 와중에 비행기에 실은 짐까지

분실되었다. 이럴 때 화가 안 나는 사람이 있다면 노벨 평화상감일 것이다. 집에 돌아온 후 아내는 "저런 무책임한 여행사를 그냥 놔 두면 안 돼요. 재발하지 않도록 짚고 넘어가야 해요"라고 펄쩍 뛰었다. 하지만 나는 이미 하나님께 화를 내지 않겠다고 약속한 몸이 아닌가. 할 수 없이 부글부글 끓고 있는 울화통에 찬물을 부어 가며 말없이 기도만 할 뿐이었다. 만약 나를 잘 아는 사람이 이 장면을 봤다면, 아마 내가 너무 화가 나서 정신이 어떻게 된 줄 알았을 것이다.

최선을 다해 모집해 보았지만, 졸업식 참가 인원은 이틀 전까지 80여 명에 불과했고, 당일까지 겨우겨우 97명을 모집하는 것에 그쳤다. 아무리 금식하고 기도해도 100명을 채우는 건 역부족이었다. 100명이라는 숫자가 중요한 것은 아니지만, 그래도 하나님의 역사를 기다리던 마음에 실망스러운 것이 사실이었다. 할 수 없이 97명을 10개 팀으로 나누어서 멕시코로 떠나게 되었다. 그런데 아수라장도 이런 아수라장이 없었다. 많은 인원이 움직이려면 행정적으로 챙겨야 할 것이 많은데, 짧은 기간 준비하느라 미흡한 것이 한두 가지가 아니었기 때문이다. 그 많은 인원이 차에서, 길에서, 공항에서 우왕좌왕 하고 있었다. 게다가 공항에서 짐을 부치는데 갑자기 가방 하나 당 추가로 40불을 내라는 것이었다. 짐이 모두 30개인데, 그러면 짐을 부치는 값만

1200불이 드는 상황이었다. 말도 안 되는 요구에 화가 폭발하기 직전이었지만, 나는 그저, "주여~ 주여~"라는 기도인지 탄식인지를 내뱉을 뿐이었다. 그런 나를 보고 주위 사람들이 수군거렸다. "세상에, 저런 온유한 사람이 다 있나!" 나는 겉으로는 웃었지만 속으로는 '졸업식만 지나 봐라. 그동안 참았던 화를 버럭버럭 내고 말테다'라고 하며 이를 갈았다.

우여곡절 끝에 멕시코에 도착한 몇 시간 후, 누군가 우리가 모여 있던 교회로 들어왔다. 신학교 졸업식에 참석하기 위해 현지에서 사역하시는 선교사님 한 분, 그 분의 양딸, 그리고 현지 목사님이 자동차로 티화나에서 출발하여 그때 도착한 것이다. 이로써 졸업생 참석 인원이 3명 늘었다. 내가 지금 무슨 말을 하고 싶어 하는지 알겠는가? 이 세 사람이 합류함으로써 졸업식 참석 인원이 97명에서 '결국 100명'이 된 것이다. 할렐루야!

다음 날 신학교 졸업식에는 우리 교회 역사상 처음으로 100명이 참석했다. 하나님은 우리를 통해 당신의 위로와 격려를 신학생들에게 전하셨고, 또한 신학생들을 통해 우리에게 당신의 은혜와 비전을 전하셨다. 그 100명은 돌아와서 선교에 헌신했고, 멕시코와 중남미에 2개였던 단기 선교팀을 10개로 늘리는 등 선교의 주역이 되었다.

세월이 흘러 흘러, 이제 다른 사람들의 기억 속에서는 사라졌겠지만, 나는 이 사건을 잊을 수가 없다. 두 달 동안 화를 내지 않으면서 하나님의 역사를 숫자로 확실하게 보았으니 말이다. 내가 화를 안 내서 100명이 온 것은 아니겠지만, 화가 날 때마다 하나님을 생각했던 내 마음을 하나님이 알아 주셨던 것 같다.

22
하나님에게는 로비가 필요 없다

자동차의 결함으로 인해 사람이 죽거나 다치게 되면 자동차 회사를 상대로 소송이 들어온다. 이른바 PL(Product Liability, 자동차 제조물 책임법) 소송이다. 자동차 회사가 이 소송에서 지게 되면 물어 주어야 할 손해 배상의 액수는 어마어마 하다. 경우에 따라 몇천만불은 기본이다. 그렇게 큰 소송이니만큼 PL 건을 수임하기 위하여 로펌에서는 필사의 노력을 기울이게 마련이다.

우리는 당시 D사의 PL 건을 따기 위해 3년 가까이 공을 들였다. 그때 우리는 영세한 로펌이었지만, 가능한 한 모든 인맥과 방법을 동원해 결국, 결실을 보게 되었다. 앞으로 미국에서 생기는 D사의 모든 PL 소송을 '리&홍'이 맡기로 한 것이다. 이 얼마나 감격스러운 일인가! 매년 몇 백만 불이 들어오는 큰 사건을 땄으니 말이다. 너무 신나서 우리끼리 자축하기 위해 서울에서 술 꽤나 먹었던 것 같다.

그러나 기쁨도 잠시, 황당한 일이 벌어졌다. 계약을 체결한 지 한 달도 못 되어 D사가 속한 그룹 전체가 파산해 버린 것이다. 얼마나 급격하게 진행이 되었는지, 본인들도 망하는지를 몰랐다고 한다. 우리가 그 회사 일을 따기 위해 쏟아부은 술값이 얼마인데, 이게 무슨 마른 하늘에 날벼락이란 말인가! 망한 기업을 우리가 살릴 수도 없는 노릇이고, 허무해도 너무 허무하게 공든 탑이 무너져 버렸다.

그렇게 그 일이 끝나는가 싶더니, 5년 뒤 새로운 전환점을 맞게 되었다. D사의 PL 소송이 미국에서 벌어지면서 D사가 그 소송을 맡을 변호사 선임을 입찰에 붙인 것이다. 우리도 입찰에 참여해 한국과 미국의 대형 로펌들과 함께 경합을 벌였다. 쉽지 않은 싸움이었다. 5년 전에는 술로라도 로비를 했지만, 지금은 로비를 하려고 해도 아는 사람이 아무도 없었기에 기도밖에는 할 것이 없었다. 당시 그 회사는 법정 관리 중이었기 때문에 변호사 선임의 최종 승인은 법정 관리인이 하게 되어 있었다.

그런데 그 법정 관리인이 누구인지 알고서 나는 깜짝 놀랐다. 바로 J 장로님이었던 것이다. 그는 내가 변호사 초년 시절, 모 은행 LA 지점 장이셨던 인연으로 알게 되었다. 우리는 둘 다 크리스천이라는 공통점으로 더욱 가까워졌다. 차이가 있다면 그는 모범적인 신앙인으로, 나는 술 잘 먹는 변호사로 소문이 나 있다는 점이었다. 믿음 좋고 연배가 높은 그는 나의 멘토가 되어 주었다. 은행 지사장이나 변호사나 다 나름대로 힘든 일이 있고 고민이 있기 마련인데, 우리는 주 안에서 위로하고 격려하며 서로에게 힘이 되어 주곤 했다. 그렇게 좋은 교제를 나누다가 그가 은행을 그만두면서 헤어졌는데, 예상치 못한 상황에서 다시 만난 것이다.

그는 오랫동안 직접 봐 왔던 '리&홍'의 실력과 성실함을 높이 사 주었고, 결국 우리는 기라성 같은 다른 로펌들을 제치고 그 소송을 맡게 되었다. 5년 전에는 그렇게 노력해서 딴 PL 소송 수임권이 한 달만에 무산되었는데, 이번에는 아무 로비도 안 했으면서 하나님의 때에 하나님의 방법으로 일이 성사된 것이다. 더 기가 막힌 일은 이 소송이 D 자동차가 미국에 진출한 지 5년 만에 처음 생긴 소송이라는 점이다. 즉, 5년 전에 그 일을 땄어도 어차피 사건은 없었다는 것이다.

모든 일에는 하나님의 때와 하나님의 방법이 있다. 사람에게 로비해서 될 일이 아니다. 로비를 하려거든 차라리 하나님께 하라. 그분은 돈도 술도 아부도 원치 않으시는 분이니, 오직 신실한 마음만을 드리면 될 일이다.

우리는 주 안에서 위로하고 격려하며
서로에게 힘이 되어 주곤 했다.
그렇게 좋은 교제를 나누다가 그가 은행을 그만두면서 헤어졌는데,
예상치 못한 상황에서 다시 만난 것이다.

23

회사가 망해도 나는 선교를 간다

하나님 나라를 확장하려고 할 때, 마귀는 절대 가만히 있지 않고 꼭 방해를 한다. 중요한 선교를 2주 앞두고 있을 때의 일이다. 당시 우리는 모 기관의 1억 불이 넘는 소송을 진행하고 있었다. 우리 로펌에서 가장 중요한 소송이었기에 이것이 흔들리면 로펌 전체가 흔들릴 수도 있는 상황이었다.

그런데 갑자기 1심 판사가 말도 안 되는 상식 밖의 잠정 중간 판결을 내렸다. 소송의 관할권이 잘못되었다는 것이다. 연방 법원에 갔어야 되는데 왜 주 법원에 왔느냐는 것이고, 그러니 연방 법원으로 가라는 것이다. 그런데 우리는 연방 법원으로 갈 수가 없었다. 소송을 진행한 지가 이미 2년이 되어서 시효가 소멸되었기 때문이다. 그런 상황에서 다른 법원으로 가라는 것은 굉장히 무책임하고 비상식적인 것이다. 그때 상대방은 변호사가 3천 명쯤 되는 캘리포니아에서 제일 큰 로펌이었고, 우리는 30여 명 되었을 때였다. 상대방이 무슨 전술을 썼는지 모르겠지만, 너무 어이없고 말이 안 되는 중간 판결을 받고 나니 세상이 무너지는 느낌이었다.

일이 그렇게 되자, 당장 클라이언트로부터 화살이 날아들었다. 그동안 나간 변호사 비용이 얼마인데 도대체 너희는 뭐했냐, 어떻게 변호사가 관할 법원도 제대로 모를 수가 있냐, 집을 잘못 찾아간 거 아니냐, 너무 무능한 변호사가 아니냐, 잘라야 한다 등등. 그리고 한국에서는 감사팀을 보내 제3의 로펌을 두 군데 고용해서 우리에 대한 실사에 들어갔다. 나는 진 것도 억울한데, 클라이언트에게 버림받고, 그 와중에 경쟁 변호사들로부터 모함을 받는 등 사면초가에 빠지게 되었다.

일단, 나는 예정된 선교부터 다녀오기로 했다. 회사에서는 난리가 났다. "이 마당에 무슨 선교야? 회사가 망하게 생겼는데, 정신이 있는 거냐 없는 거냐?" 또한 한국 본사에서도 당장 들어와서 해명하라고 아우성이었다.

참담했지만, 나는 선교를 포기할 수 없었다. 이것이 영적 공격이라고 생각했다. 여기서 무너지면 누가 제일 좋아할 것인가. 마귀가 손뼉 치며 기뻐할 것이 그려졌다. 나는 결심했다. "회사가 망해도 나는 선교를 간다. 이것은 하나님과의 약속이다. 또한 내가 이 선교 팀의 팀장인데, 내가 개인 사정으로 선교를 포기하게 된다면 다른 팀원들도 그리할 것이 아닌가. 나는 절대 타협하지 않겠다." 그렇게 결심하고 선포했지만, 속으로는 얼마나 떨리는지 매일 새벽기도 나가서 울고불고하며 기도했다.

선교 떠나는 날은 실사에 들어갔던 제3 로펌의 의견서가 나오는 날이었다. 공항으로 가던 중 전화를 받았다. 우리를 실사한 제3의 로펌 중 한 팀에서 우리의 잘못이 아니라 판사의 잘못으로 결론을 냈다는 것이다. 힘이 되는 소식이었다.

선교를 마치고 돌아오는 날. 나는 미국 공항에 들어오자마자 아내가 미리 싸 둔 가방으로 바꿔 들고, 1시간 후 떠나는 한국행 비행기에 급히 올랐다. 서울에 도착해서 클라이언트를 만나 프리젠테이션을 하며 설득했더니, 다행히 이사진에서 '리&홍'의 잘못이 아닌 것으로 받아들여 주었다. 덕분에 전화위복으로 오히려 사건이 더 늘어나게 되었다. 주 법원에서 졌으니까 연방 법원으로 가는 사건이 하나 생겼고, 또 주 법원에서 진 것에 대해 항소하는 건이 생긴 것이다.

사건은 늘어났지만 이긴다는 보장은 없으니 처음부터 다시 시작해야 했다. 그때 그 기관에 J부장이라는 직원이 있었는데, 지독히 반 기독교인이었다. 장로 딸과 결혼을 해 놓고도 미국에 오면서 아내에게 절대 교회 가지 않기로 약속을 하고 올 정도였다. 그동안 내가 전도하려고 설교 테입도 주고 책도 주고 그랬지만 꿈쩍도 안 하던 사람이었다. 그런데 이 사건이 패소하게 되자, 나도 문제가 되었지만 그 실무자도 로펌 관리 부실 책임으로 잘릴 상황이 되었다. 금요일에 이 사건이 패소했는데, 이 사람이 급하니까 토요일 새벽부터 교회에 나오기 시작했다. 교회라고는 생전 안 가 봤던 사람이 새벽기도부터 나오기 시작한 것이다. 오죽 급했으면 그러했겠는가. 그런데 그가 소송 과정에서 하나님께 매달리다가 결국 세례도 받고 일대일 양육도 받고 지금은 한국으로 돌아가 교회를 잘 다니고 있다. 하나님이 이 일을 통해 복음을 전하게 하신 것이다.

결과적으로 이 사건은 주 법원으로 가는 것이 맞다는 판결이 났다. 우리는 주 법원에 항소하면서 판사 기피 신청을 함으로써 다른 판사에게 재판을 받았다. 그리고 결국 항소에서 이겼다. 나중에 생각해 보니 이런 이상한 판사가 중간에 잠정 결론을 내려서 다행이지, 만약에 이 사람과 끝까지 갔더라면, 1심에서 100% 질 것이 뻔하지 않았는가! 하나님께서 미리 중간에 이런 엉뚱한 일로 우리에게 판사 기피 신청을 하게 만드신 것이 아닐까 싶다. 돌이켜보면 비극적인 상황은 위장된 축복일 때가 많다.

24

언제 거룩해지랴, 일단 전도하자

보기보다 내성적인 나는 전도를 해야 한다는 부담감을 느끼면서도 상대방에게 선뜻 다가가지 못했다. 어느 날 김기동 목사의 《고구마 전도》라는 책을 읽고, 이런 방법이라면 나도 할 수 있겠다 싶었다. '한 번 찔러 보고, 안 익었으면 기다렸다 다시 찔러 보고'를 반복하며 익을 때까지 기도하면서 기다리는 것이 고구마 전도법인데, 그 방법으로 나는 많은 사람들을 전도했다. 그중 몇 가지를 여기 소개한다.

＊ 담배 피는 전도자

구역장을 할 때인데, 우리 구역에 남편은 안 나오고 아내 혼자 참석하는 분이 계셨다. 남편을 전도하기 위해 노력을 했지만, 남편은 담배를 끊기 전에는 안 나온다고 버티고 있다고 했다. 나는 그 남편이 골프를 좋아한다는 걸 알고서 그와의 라운딩을 제안했다. 18홀 라운딩을 다 돌고 그에게 담배를 한 대 달라고 해서 끊었던 담배를 내가 먼저 피웠다. 구이집에서 소주도 함께 마셨다. 그리고 담배나 술 때문에 교회에 못 오겠다는 것은 마귀가 주는 생각이고 그것은 기독교의 본질이 아니라는 것을 말해 주었다. 얼굴이 환해진 그는 당장 다음 날부터 교회에 나오기 시작했다. 성가대에서도 활동하며 교회에 열심히 나오던 어느 날, 그는 스스로 담배를 끊었다.

✷ 리커 스토어를 살리다

모 행장이 은퇴 후, 몇백만 불짜리 리커 스토어(Liquor Store, 주류판매점)를 샀다. 그런데 가게 직원의 부주의로 미성년자에게 술을 팔다가 한 번 걸리고, 한 번 더 걸렸다. 미국에서는 미성년자에게 술을 팔다가 두 번 걸리면 주류 라이센스가 취소된다. 그렇게 되면 그 가게에서는 더 이상 술을 팔 수 없게 된다. 리커 스토어에서 술을 못 팔게 되면 가게 값이 헐값이 되는 것은 순식간이다. 이분은 나중에 가게를 팔아서 은퇴 자금을 마련하고자 했다. 그런데 일평생 모은 돈이 한순간에 날아가게 생긴 것이다. 사색이 되어 달려온 그에게 나는 무료 변호를 자청하며, 이 일이 해결되면 교회에 나갈 것인지를 물었다. 그는 평소 기독교에 대한 반감이 많았지만, 일이 급하게 되자 한결 누그러진 태도를 보였다.

나는 이 일을 위해 중보 기도팀과 함께 6개월을 기도했다. 또한 우리 변호사들은 잘 알지도 못하는 주류법을 새로 공부해 가며 소송을 준비했다. 주류 판매 통제국에서의 공판 날, 심사관 세 명 중 한 명을 보는 순간 나는 가슴이 철렁했다. 그는 얼마 전 불성실한 근무 태도 때문에 내가 해고한 변호사였다. '사탄이 역사하는구나. 이 재판은 이기기 힘들겠다'고 생각하던 차에 그가 나에게 다가왔다. 그리고 자기가 해고당했다는 사실을 아무에게도 말하지 말아 달라며 오히려 나에게 사정하는 것이 아닌가. 나는 애써 표정 관리를 하며, 걱정하지 말라고 말해 주었다. 그 심사관이 적극적으로 방어를 해 주는 바람에, 우리는 2:1로 승소했다. 재판을 도와주고도 몇만 불의 변호사 비용을 청구하지 않는 것에 놀라는 그에게 나는 "당신의 영혼 구원이 돈보다 훨씬 중요합니다"라고 말해 주었다. 그는 그 이후 교회에 나오기 시작했다.

✽ 술자리에서 성경을

나는 클라이언트와의 연말 모임에서 가끔 성경을 선물한다. 기분 좋게 받는 사람도 없지만, 버리는 사람도 없다. 버리지 못하게 제일 크고 좋은 것으로 선물하기 때문이다. 술도 한 잔 하는 그 자리에서 전도를 하는 것이 모양새가 안 좋은 것은 사실이다. 하지만 내가 만나는 사람 중에는 비기독교인이 많은데, 그들을 교회에서 만날 일도 없고 이런 자리 저런 자리 따지면 어느 세월에 복음을 전할 수 있겠는가. 또한 내가 전도하기에 합당할 만큼 거룩해지기를 기다렸다면, 나는 단 한 명에게도 복음을 전하지 못했을 것이다. 때를 얻던지 못 얻던지 말씀을 전파하라고 하지 않았던가.

성경을 선물하고서 한참 후에 그들을 다시 만났을 때, 대부분 하나님의 역사가 있었다는 것을 확인하곤 한다. 집에 성경이 있으니까 그냥 한번 읽어 보고, 어려운 일 생겼을 때 급하니까 읽고, 영어 공부하기 위해 실용서로 읽고 했던 사람들이 결국에는 복음을 받아들이고 교회에 다니게 되는 경우가 많다. 말씀에는 그렇게 힘이 있다. 내가 선물한 성경으로 인해 그와 그 집안에 복음이 전하여졌으니 그 감격스러움은 이루 말할 수가 없다.

✳ 우연히 기도가 전해지다

일대일 제자 양육을 할 때의 일이다. '전도' 부분을 공부하면서 동반자 부부와 함께 각자의 전도 대상자를 놓고 기도하는 시간을 가졌는데, 나는 전도 대상자로 J부장을 기도 제목으로 내 놓고서 만날 때마다 함께 기도했다.

어느 날 동반자 부부가 마켓에 갔다가 우연히 아내의 동문 부부를 만나게 되었다고 한다. 두 부부는 반가운 마음에 근처 식당에서 식사를 하면서 서로의 근황을 나누게 되었다. 나의 동반자가 요새 일대일 양육을 받고 있다는 이야기와 함께, 자신의 양육자가 사이먼 홍 변호사라는 사람인데 요새 전도 대상자로 이러이러한 사람을 위해 기도하고 있다고 말했다.

그 말을 들은 상대방은 깜짝 놀라지 않을 수 없었다. 사이먼 홍 변호사가 기도하던 바로 J부장이 바로 자신이었기 때문이다. J부장은 누군가 자신을 위해 그렇게 열심히 기도하고 있다는 것에 감동을 받은 눈치였다. 그렇다고 해서 그가 당장 교회에 나온 것은 아니었지만, 그때 뿌려진 복음의 씨앗은 나중에 하나님의 때에 열매를 맺었다.

✳ 토요일과 맞바꾼 전도

이것도 일대일 제자 양육을 할 때의 일이다. 내 동반자는 식당을 운영하는 부부였는데, 아내는 신앙생활과 식당 일을 열심히 하는 사람이었고, 남편은 미국 생활에 잘 적응하지 못해서 한국에 돌아가기만을 원하고 있는 상황이었다. 교회도 나가지 않았다. 그 남편을 내가 양육하게 되었는데, 이분이 큰 열의는 없어 보였다. 그래도 하기로 맘을 먹은 것이 얼마나 감사한가. 그런데 문제는 식당을 늦게까지 열어야 되기 때문에 양육 시간을 맞추기가 어렵다는 것이다. 이 날도 안 되고, 저 날도 안 되고… 결국 동반자가 가능하다고 내놓은 시간이 하필이면 토요일이 아닌가.

토요일은 나에게 있어서 골든 타임이다. 중요한 고객들은 주로 토요일에 골프를 치면서 만나기 때문이다. 이 시간에 중요한 대화가 많이 오가기 때문에, 이 시간을 놓치면 영업에 큰 타격이 예상되었다. 하지만 믿음이 약한 동반자에게 내 사정 때문에 다른 날로 옮기자고 할 수는 없었다. 하나님의 일이 다른 것에 밀릴 수는 없는 법, 할 수 없이 내 스케줄을 포기했다. 물론 좀 아쉽기는 했다.

그렇게 내가 포기하자, 하나님께서 축복을 하셨다. 첫째, 토요일에 푹 쉬고 재충전할 수 있게 되어 주일에 좋은 컨디션으로 예배를 드릴 수 있었다. 둘째, 우울증으로 힘들어하는 누나와 같이할 시간이 필요했는데, 토요일이 딱이었다. 셋째, 중고등학교 다니던 사춘기 딸들과의 관계가 좀 소원했는데 패밀리 타임을 갖게 되어 가까워질 수 있었다. 넷째, 골프를 안 치면 영업에 막대한 지장이 있을 줄 알았는데, 골프를 안 쳐도 실적에 아무런 문제가 없다는 것을 깨달았다. 마지막으로 가장 중요한 것은 내 동반자가 교회를 다니게 된 것이다.

25
괜히 한 큐티:
"너도 그를 탕감해 주어라"

변호사 사무실을 개업하고서 매일 빚잔치를 할 때의 일이다. 늘어가는 빚을 막기 위해 친구들을 끌어모아 계를 조직했는데, 그중에 어떤 사람이 친구 소개로 들어와서 2-3만 불을 떼먹었다. 한 푼이 아쉬워서 계를 모은 것인데, 그 피 같은 돈을 떼먹히다니, 엄청난 충격이었다. 그 사람은 돈을 떼먹는 과정에서 줄 듯 말 듯 여러 번 나를 애태웠다. 언제까지 주겠다, 또 언제까지 주겠다, 물건을 도난당했다 등등, 수도 없는 거짓말을 했다. 수표를 끊어 줬다가 부도를 내기도 했다. 그러다 결국에는 잠적해 버리고 말았다. 그때는 친구들도 어리고 내가 계주(契主)였기 때문에, 그 모든 책임을 내가 다 졌다. 그때 그것이 얼마나 큰 돈이었는지…. 그리고 변호사가 돈을 뜯기는 것이 얼마나 자존심이 상하던지…. 그렇다고 소송을 해서 찾을 수 있는 것도 아니고…. 정말 그 사람은 내 가슴에 못을 박은 사람 중에 한 명이다.

10년이 지난 어느 날 아침에 큐티를 했는데, 그날의 말씀은 다음과 같았다. 어떤 주인이 일만 달란트의 빚을 지고 못 갚는 종에게 그 돈을 탕감해 주었더니, 그 종이 나가서 자신에게 일백 데나리온 빚진 동료를 옥에 가둔 것을 보고, 그 주인이 크게 노하여 그 종을 옥에 가두었다는 내용이다.

그냥, '나쁜 놈이네' 하고 말았다. 그런데 그날 저녁, 어느 식당에 갔는데 내 돈 떼먹은 인간하고 맞닥뜨린 것이 아닌가! 그는 그 식당에서 안내를 보고 있었다. 그 사람도 나를 보고 꽤나 당황하는 눈치였다. 일단은 모른 체하고 자리에 앉아 이런저런 생각을 하기 시작했다. 당장 드는 생각이 '내가 식당 주인을 잘 아니까 주인에게 얘기해서 해고시키고 저 인간의 주소를 알아 내서 돈을 받아 내야겠다'는 것이었다. 그런데 그 순간, 갑자기 아침에 큐티 했던 내용이 떠오르면서 하나님께서 이렇게 말씀하시는 것 같았다. "내가 너의 그 많은 죄를 탕감해 주었으니 너도 그를 탕감해 주어라."

그러고 보니 그 사람은 돈 떼먹고도 크게 성공한 것 같지 않았고, 돈 뜯긴 나는 하나님 은혜로 이제 그 돈 없이도 살 수 있는 정도가 되어 있었다. 그리고 지금 이 순간을 대비해서 하나님이 아침에 큐티 말씀으로 나를 준비시킨 것이 아닌가 하는 생각이 들었다. 그렇게 정리가 되자, 비로소 나는 그를 용서할 수 있었다. 하지만 한편으로는, '오늘 괜히 큐티 했다'는 후회가 스쳐 지나갔다.

제5부

광야에서

26

물에 빠져 죽을 뻔하다:
나의 '라이프 가드'이신 하나님

가족들과 가까운 바닷가(Laguna Beach)로 2박 3일 휴가 갔을 때의 일이
다. 아내와 작은딸은 바닷가에서 놀고, 나와 큰딸은 근처에서 수영을
하고 있었다. 한참 수영을 즐기던 나는 문득 위험을 감지했다. 발이
바닥에 닿지 않는 것이 아닌가! '아차' 싶어서 다시 시도해 보았지만,
역시 닿지 않았다. 허둥지둥 세 번, 네 번 해 봤지만 마찬가지였다. 바
로 100m 앞이 해변이었고, 수영을 못하는 것도 아닌데, 아무리 발버
둥쳐도 그쪽으로 갈 수가 없었다. 파도가 일 때마다 오히려 그 반대편
으로 더욱 밀려갈 뿐이었다. 멀지 않은 곳에 큰딸이 있었기에, 부르면
나를 구하러 올 수 있었지만 차마 부를 수가 없었다. 나 때문에 딸이
죽을 수도 있었기 때문이다.

숨이 꼴딱꼴딱 넘어가면서 몇 번을 가라앉았다 떠오르고 보니, 더 이상은 힘이 없어서 버틸 수가 없었다. '사람이 이렇게 죽는구나' 하는 생각이 들었다. '주여, 제 영혼을 받으시옵소서' 하며 모든 것을 포기하는 순간, 갑자기 뒤에서 누군가 나를 확 잡아채는 것이 느껴졌다. 구조 요원이었다. 그때 아내와 작은딸은 모래사장에서 그 장면을 보고 있었다고 한다. 갑자기 어느 구조 요원이 후다닥 뛰어나가길래 웬일인가 주시하고 있었는데, 웬 사람을 질질 끌고 나오더란다. 누군지 큰일 날 뻔했다고 생각하는 순간, 다시 보니 그 사람이 아빠였단다.

알고 보니 그 지점은 급격한 썰물로 인해 매년 몇 명씩 죽는 곳이었다. 위험 표지판도 있었는데, 내가 미처 보지 못한 것이다. 그날 죽지 않고 살아서 가족과 저녁 식사를 하는데, 그 순간이 꿈만 같고 그렇게 감격스러울 수가 없었다. 온 가족이 함께 모여 밥을 먹을 수 있다는 것이 매일매일의 기적이라는 생각이 들었다. 만일 나에게 무슨 일이 일어났다면 어떠했을까? 이 시간에 아내와 딸들이 밥은커녕 어느 장의사에게 연락할 것인지 의논하고 있지 않았겠는가. 괜히 바닷가로 휴가 왔다고 후회로 가슴을 치고 있지 않았겠는가. '아빠에게 살아 있을 때 잘해 드릴걸' 하고 눈물을 흘리고 있지 않았겠는가. 생각할수록 아찔했다. 나는 가슴을 쓸어내리며, 다시 한번 하나님께 감사 기도를 드렸다. 그때 그 식당은 절벽 위에 있었는데 우리가 밥 먹는 밑으로 내가 죽을 뻔했던 시퍼런 바다가 내려다 보였다. 나는 죽다 살아난 기념으로 그 바다의 사진을 찍었다.

한동안 나는 그 사진을 내 휴대폰의 배경 화면으로 가지고 다녔다. 그화면을 볼 때마다 죽을 뻔했던 그 당시를 생각하며 '감사하자, 겸손하자' 다짐하곤 했다. 그런데 이 사건은 4개월 뒤 1억 8천만 불 사건의 서곡이 되었다. 그로부터 4개월 뒤 일어난 그 사건으로 인해 나는 다시 한번 물에 빠졌을 때와 같이 죽을 것 같은 고통을 느꼈다. '사람이 이렇게 죽는구나' 하는 절망이 다시 파도처럼 밀려왔다. 살아날 수 없을 것 같은 생각이 들었다. 그러나 모든 것을 포기하려고 하는 순간, 나의 '라이프 가드'이신 하나님께서 나를 다시 살려 주셨다. 이것이 복음이다.

돌이켜보면 '이제 죽었구나' 하는 순간마다 하나님은 매번 구조의 손을 내밀어 주셨다. 그렇게 죽다 살아난 경우가 내 인생에는 너무나 많다. 그럴 때마다 그 은혜가 너무 감사해서 절대 잊지 않겠다고 결심하고는 금방 잊어버리곤 했다. 앞으로도 그럴 것이 뻔하다. 그런 나를 하나님은 어떻게 그렇게 잊지 않으시는지 놀랍기만 하다.

27

A은행 사건 (1):
1억 8천만 불 사건이 죽어 버리다

2008년 11월 4일, 버락 오바마가 미국 대통령에 당선된 그날, 변호사 인생 최대의 위기를 알리는 전화벨 소리가 울렸다. 전화를 건 사람은 '리&홍' 송무 담당 총책임자인 D변호사였는데, 그의 말에 나는 주저 앉아 버릴 것만 같은 충격을 받았다. 당시 우리는 A은행으로부터 C 회사 파산으로 발생한 1억 8천만 불(약 2,000억 원) 회수 사건을 수임하여 진행 중이었는데, 그 사건이 무효가 되어 버렸다는 것이다. 말도 안 되는 소리였다. 멀쩡하던 사건이 갑자기 왜 죽는단 말인가.

그런데 그 이유가 더 충격적이었다. 이 사건의 담당자인 M변호사가 사실 관계 확인 질문에 답변서를 안 보냈기 때문이라는 것이다. 그 서류는 복잡한 것도 아니고, 그냥 'NO'라고만 표시해서 보내면 되는 것이었다. 그 간단한 것을 안 보내서 1억 8천만 불이라는 거액이 날아가 버렸다니… 있을 수도, 있어서도 안 되는 일이 벌어진 것이다. 알고 보니, 당시 이 소송의 책임자인 D변호사는 췌장암으로 6개월 선고를 받고 석 달 전부터 투병 중이었는데, 그 사이 부하 직원인 M변호사가 대형 사고를 친 것이다.

통상 이러한 답변서는 제 시간에 한 번 못 보냈다고 해서 금방 어떻게 되는 것이 아니다. 법적으로 다시 신청할 수 있는 기간이 있다. 그 기간을 또 놓쳤다고 해도 다른 기회가 있다. 그런데 M은 그 몇 번의 기회를 모두 놓쳐 버렸다. 더군다나 자신의 실수를 숨기기 위해 로펌 내부의 컴퓨터 감시 시스템을 조작해, 일이 잘되고 있는 것처럼 만들어 놓기까지 했다. 다른 변호사가 바로잡을 수 있는 기회마저도 차단해 버린 것이다. 그렇게 1억 8천만 불 소송은 어이없게도 죽어 버렸다. 환자로 비유하면, 수술받다 죽은 것이 아니라 아스피린 한 알을 못 받아서 죽은 셈이랄까.

평소에도 M은 실수가 잦고 일을 체계적으로 수행하는 능력이 부족해서 불안불안 했다. 여러 번 해고하고 싶은 순간이 있었지만, 능력으로 보나 나이로 보나 다른 직장 구하기가 힘들 것 같았고, 아이들이 아직 고등학생인 것과, 그 식구들이 모두 한국 사람과 한국 음식을 좋아하는 것이 마음에 걸렸다. 무엇보다도, 그렇게 따지면 하나님은 나를 열 번도 넘게 자르셨겠다는 아찔한 마음이 들어서 그대로 놔 두었는데, 결국 일을 내고 만 것이다.

돈이 몇백만 불이면 물어줄 수 있다. 몇천만 불만 되어도 보험금을 받고 어떻게 하면 만들어 낼 수 있다. 하지만 1억 8천만 불은 우리가 어떻게 해 줄 수 있는 금액이 아니다. 망해도 나만 망하면 괜찮은데, 우리 회사가 망하고, 변호사 40여 명을 포함해 100여 명의 식구가 함께 망할 지경이 되었으니 큰일도 보통 큰일이 아니었다.

일단 외부에 있는 제3의 연방 파산 전문 변호사를 선임했다. 우리도 변호사지만 자체적으로 해결할 수 있는 문제가 아니었기 때문이다. 변호사가 변호사를 선임하려니 자존심도 상하고 돈도 아까웠지만, 이것저것 따질 때가 아니었다. 시간당 거금을 주고 고용한 그 변호사는 여러 가지 조사를 하고 이런저런 가능성을 타진해 보더니, 결국 아무것도 할 게 없다는 비싼 결론을 내려 주었다. 판례를 봐도 늦어도 며칠, 몇 주, 아니면 두 달까지는 있는데, 도대체 석 달이나 늦은 것은 찾아볼 수가 없다는 것이다. 모든 희망이 사라지는 순간이었다.

나는 우리 변호사들에게 그 사이에 새로운 판례가 생겼을지 모르니 어떻게든 뒤져 보라고 지시는 해 놓았지만, 지푸라기라도 잡는 심정이었을 뿐 솟아날 구멍은 없어 보였다. 살아 있어도 살아 있는 것 같지 않은 나날이었다.

그 간단한 것을 안 보내서 1억 8천만 불이라는 거액이 날아가 버렸다니…
있을 수도, 있어서도 안 되는 일이 벌어진 것이다.
당시 이 소송의 책임자인 D변호사는 췌장암으로
6개월 선고를 받고 석 달 전부터 투병 중이었는데,
그 사이 부하 직원인 M변호사가 대형 사고를 친 것이다.

28

A은행 사건 (2):
지구를 떠나라는 판사의 판결

우리는 재심 신청을 했고, 1차 공판일은 1월 10일로 잡혔다. 나는 새벽기도를 나가기 시작했다. 평소에 안 나가다 일이 생기니까 나가는 것이 조금 창피하기는 했지만, 그런 걸 따질 상황이 아니었다. 또한 한참 와인에 빠져 있을 때였는데, 부리나케 술도 끊었다. 일단 이 일이 해결될 때까지는 거룩하게 살아야 했다.

드디어 공판 당일, 우리는 주요 자료로 M변호사의 진술서를 제출했다. 모든 것은 본인의 실수이고, 자신이 컴퓨터 감시 시스템을 조작했기 때문에, 상관도 몰랐고 회사도 몰랐다는 내용이었다. D변호사도 아픈 몸을 이끌고 직접 변론을 했다. 우리로 인해 무고한 클라이언트가 막대한 피해를 입게 될 것과 자신의 암 투병 때문에 생긴 일이지 회사는 잘못이 없다는 것, 직원이 고의적으로 컴퓨터를 조작한 것까지 알아 내기는 힘들다는 점을 들어 선처를 호소했다.

그러나 판사는 입에서 불을 내뿜듯 저주와도 같은 판결을 내렸다. 우리같이 무책임한 변호사는 망해야 하고, 이 지구 상에서 없어져야 한다는 것이었다. 너무나도 단호한 판결 앞에서 '리&홍'의 앞날은 바람 앞의 촛불과도 같았다.

나는 극심한 스트레스로 인해 혈압이 200까지 올라가고, 눈이 잘 안보이며, 말이 어눌해졌다. 몸에는 마비 증세가 왔다. 하나님이 맡겨주신 포도원을 못 지켰다는 자책으로 극심한 고통이 찾아왔다. 최종 공판은 1월 29일로 잡혔다.

공판을 며칠 앞두고 나는 내 영적 고향인, 멕시코 후아레스 신학교 내적치유 세미나에 봉사자로 참여했다. 그럴 상황이 아니었지만, 비즈니스가 사역보다 앞서지 않는다는 내 오랜 신념에 따른 것이었다. 하지만 그곳에 가서도 마음속은 걱정과 두려움으로 타 들어가고 있었다. 그런데 갑자기 멕시코 신학생 한 명이 다가오더니 기도 중에 나를 위한 하나님 말씀을 받았다며 다음의 말씀을 전해 주는 것이 아닌가. "해가 져서 어두울 때에 연기 나는 화로가 보이며 타는 횃불이 쪼갠 고기 사이로 지나더라. 그 날에 여호와께서 아브람과 더불어 언약을 세워 이르시되 내가 이 땅을 애굽 강에서부터 그 큰 강 유브라데까지 네 자손에게 주노니." 창세기 15장 17-18절 말씀이었다.

하나님께서 우리와 언약하시되 우리는 지킬 능력이 없으므로, 하나님께서 그 모든 언약을 일방적으로 지키신다는 말씀이었다. 내 상황에 대해서 아무것도 모르는 그 학생이 건네준 그 말씀은 하나님의 일하심에 대한 확신으로 다가왔다. 그 일로 인해 나는 공판에서 회생할 수 있을지도 모른다는 실낱같은 희망을 갖게 되었다.

멕시코에서 돌아온 지 얼마 안 된 어느 날, '리&홍'의 H 변호사로부터 "뭔가 나왔습니다(I Found Something)."이라는 문자를 받았다.

H 변호사가 찾은 것은 "Community Dental"이라는 사건의 판례였는데, 이런 내용이다. 어느 치과 의사가 의뢰한 사건을 불성실한 변호사가 다 망쳐 놓았는데, 그로 인해 그 치과 의사는 라이센스를 빼앗기고, 이혼하고, 집을 잃게 되었다는 것. 그 사건의 판사는 "변호사의 잘

못으로 인해 클라이언트에게 극심한 피해가 있는 경우는 판사의 재량에 따라 재심을 청구할 수 있는 기회를 허용할 수도 있다"라는 판결을 내렸다. 승소가 보장되는 것도 아니고, 우리에게 지구를 떠나라고 한 판사의 재심을 고려해 볼 수도 있다는 것이니 얼마나 가녀린 희망인가! 하지만 그나마 그 판례가 우리가 재심을 청구할 수 있는 유일한 근거였다.

하나님께서 우리와 언약하시되 우리는 지킬 능력이 없으므로,
하나님께서 그 모든 언약을 일방적으로 지키신다는 말씀이었다.
내 상황에 대해서 아무것도 모르는 그 학생이 건네준 그 말씀은
하나님의 일하심에 대한 확신으로 다가왔다.

29

A은행 사건 (3):
여섯 시간의 시험

1월 29일, 최종 공판을 앞두고 우리는 그 사이에 "Community Dental"을 근거로 한 새로운 판례가 생겼는지 찾기 위해 미국 전역의 자료를 다 뒤졌다. 다행히 "클라이언트가 아닌 로펌의 잘못인 경우, 'Community Dental'의 판례를 판사의 재량으로 적용할 수도 있다"라는 최근의 판례를 찾을 수 있었다.

그 판례를 근거로 우리는 판사의 마음을 돌려보려 애썼다. 하지만 소용이 없었다. 그는 요지부동이었다. 얼마나 단호한지, 정말 우리가 지구를 떠나는 꼴을 봐야만 속이 시원할 태세였다. 다만 우리가 찾았다는 판례를 자신이 아직 못 보았으므로 변론서를 써서 다시 올 것을 요구하였다. 최종 공판일은 3월 11일로 연기되었다.

당장 시간은 벌었지만 앞으로의 일은 불투명했다. 판사가 끝까지 마음을 바꾸지 않을 경우, 벌어질 시나리오를 그려 보았다. 변호사 라이센스를 빼앗긴다, 클라이언트가 소송을 한다, A은행도 가만히 있지 않을 것이다, 회사가 망한다, 내 인생이 망한다….

극심한 스트레스 때문에 잠이 안 오고 피가 마르는 것 같은 날들이 이어졌다. 체중도 15파운드(약 7㎏)나 빠졌다. 그 와중에 내가 할 수 있는 것은 하나님께 매달리는 것뿐이었다. "하나님, 멋진 포도원을 맡기셨는데, 제가 지키지를 못했습니다. 잘못했습니다. 살려 주세요. 다음부터는 잘 지키겠습니다." 나는 오직 매일의 새벽기도와 큐티, 예배를 통해 받는 하나님의 말씀으로 겨우겨우 하루하루를 버텨 나갔다.

잠정 판결이라는 것이 있다. 최종 공판일 전에 판결을 미리 내는 것을 말한다. 보통 공판 하루 전날, 오후 6시 전에 온라인에 띄운다. 변호사들에게 미리 읽고 준비해서 나오라는 의미이다. 잠정 판결이 내려지면 그것이 결론이고, 공판 당일에 바뀌는 일은 거의 없다. 1차 공판 때의 판결이 뒤집어졌으면 잠정 판결이 뜰 것이다. 드디어 최종 공판

하루 전인 3월 10일! 우리는 하루종일, 잠정 판결이 뜨기를 초조하게 기다렸다. 이 판결에 따라 '리&홍'이 사느냐 죽느냐가 결정될 것이다. 내가 죽느냐 사느냐가 결정될 것이다. 그러나 결국 그날 여섯 시까지 온라인에는 아무것도 뜨지 않았다. 판사가 마음을 바꾸지 않은 것이다.

모든 것이 끝났다. 변호사 라이센스도, '리&홍'도, 내 인생도 끝났다. 그 사실을 확인하고서 나는 교회에 가기 위해 차를 탔다. 당시 나는 선교부 총무였는데, 7시에 있을 선교 세미나에 참석하기 위해서였다. 2번 프리웨이를 타고 올라가는데 갑자기 눈물이 터져 나왔다. 그동안 외로움과 두려움 속에 꾹꾹 눌러 왔던 눈물이었다. 꺼이꺼이 한참 동안 울음을 쏟아 낸 후, 갑자기 설명할 수 없는 기도가 터져 나오기 시작했다. 그것은 절망의 기도가 아니었다. 분노의 기도 역시 아니었다. 생각지도 못한 감사와 찬양의 기도였다. 나는 망했다. 완전 망했다. 그래서? 부족한 사람이 하나님의 은혜로 19년 동안이나 변호사를 하지 않았는가. 수없이 많은 위기 속에서도 하나님의 도움으로 매번 승리하지 않았던가. 경제적으로 부족한 것 없이 살면서 아이들을 대학까지 보내지 않았던가. 그러자, 끝이라고 생각했던 모든 것들에 대해서 감사가 물밀듯이 밀려왔다. 이 순간에 변호사를 접게 하신 하나님의 뜻에 감사, 나를 망하게 하신 것에 감사, 앞으로 인도하실 미지의 삶에 감사, 하나님께서 주신 것에 감사, 안 주신 것에 감사, 감사, 감사…. 모든 것이 감사할 뿐이었다.

어찌나 감사하던지, 찬양을 들으면서 한 손으로는 핸들을 잡고, 한 손은 하나님께 들어올린 채 눈물 콧물 흘리면서 차 안에서 40여 분 동안 혼자서 부흥회를 했다.

퉁퉁 부은 눈으로 선교 세미나에 참석해 일정을 다 끝내고 집에 왔다. 그리고 함께 기도해 오던 아내에게 모든 것이 끝났음을 알려 주었다. 아내도 꽤 충격이 컸을 텐데, 그런 표시 전혀 없이 "당신, 변호사 안 해도 괜찮으니까 걱정하지 마"라며 위로해 주었다. 그렇게 다 망하고, 이제 내가 할 것도 없고, 모든 것을 하나님께 맡기고 나니 어찌나 속이 편하던지… 나는 앞으로는 다른 것 다 필요 없고, 더욱더 하나님만 믿고 살겠다고 기도한 후 12시쯤 잠이 들었다. 4개월 만에 처음으로 자는 단잠이었다.

다음 날, 새벽기도를 가기 위해 새벽 5시에 일어났는데, 문자 하나가 와 있었다. "우리가 이겼습니다(We Won)." 새벽 12시 5분에 H 변호사가 보낸 것이다. 이게 무슨 소린가 싶어 컴퓨터를 켜 보니 잠정 판결이 밤 11시 45분에 올려져 있는 게 아닌가! 판사가 근무 시간에 결정을 못 하고 집에 가서도 고민하다가 그 늦은 시간에 올린 것이다. 우리는 살아난 것이다. 할렐루야~!

다음 날 최종 판결에 아픈 몸을 이끌고 참석한 D변호사는 직접 우리의 승리를 확인할 수 있었다. 그리고 나서 5일 후, 그는 하늘나라로 갔다. 나는 사무실로 돌아와서 M변호사를 해고하고, 다시는 이런 일이 생기지 않도록 내부적·외부적으로 점검할 수 있는 철저한 감시 시스템을 구축했다.

그렇게 일생일대의 위기가 지나갔다. 나는 혹독한 시험을 치뤘다. 내 믿음의 시험 기간은 혹시나 하는 희망을 갖고 새벽기도를 열심히 다니던 4개월이 아니었다. 3월 10일 오후 6시부터 12시까지의 그 시간이었다. 모든 것을 잃고 내가 할 수 있는 것이 아무것도 없는 상태에서 하나님께 감사와 찬양을 드렸던 바로 그 여섯 시간 말이다.

30

A은행 사건 (4):
작정하고 뒤집으시는 하나님

극적으로 사건을 뒤집었지만, 이 판결은 다시 소송을 진행해도 된다는 것이지 승소 판정은 아니다. 이제 더 중요한 클라이언트와의 문제를 해결해야 했다.

사건이 터지면서 가장 두려웠던 것은 재판보다도 한국의 클라이언트에게서 걸려오는 전화였다. 공판은 날짜가 정해져 있지만, 클라이언트의 전화는 언제 올지 모르니 말이다. A은행의 C회사 담당자는 K차장이라는 사람인데, 얼마나 꼼꼼하고 정확한 사람이던지, 일주일에 한 번씩 전화하고 이메일을 해서 진행 과정을 챙기곤 했다. 그런데 사건이 어이없게 죽은 후에, 당장 K차장의 전화에 뭐라고 대응할지가

난감했다. 환자에게 아스피린을 안 줘서 죽었다고 말할 수는 없는 것 아닌가.

전화벨이 울리면 혹시 K차장인가 싶어 조마조마했다. 거짓말을 할 수도 없고, 뭐라고 말을 해야 하나 난감했다. 그런데 어찌된 영문인지 매주 틀림없이 오던 전화가 11월 4일 이후로 갑자기 뚝 끊겼다. 이메일도 끊겼다. 이렇게 연락이 안 오고 있을 때, 사건을 살릴 수 있다면 얼마나 좋을까. 어차피 알려야 할 사안이지만, 살려 놓고 얘기하는 것과 죽어 버렸다고 얘기하는 것은 천지 차이 아닌가. 하지만 언제까지 숨길 수도 없는 일, 먼저 전화해서 이실직고하기로 했다.

그런데 전화를 했다가 뜻밖의 소식을 듣게 되었다. K차장이 근무 실적이 좋아서 1년간 해외 연수를 갔다는 것이다. 그래서 그동안 연락이 끊겼던 것이다. K차장의 후임으로 P차장이라는 사람이 왔는데, 그는 사건의 대략을 듣더니 일단 업무 파악하는 데 한 달 걸리니까 1월 이후로 연락하겠다고 하는 게 아닌가! 할렐루야! 1월 공판에 이기면 되니까 그때까지 시간을 벌어 놓은 것이다.

그러나 1월 공판에서 이기지 못하고 3월로 연기되는 바람에, 또 자료가 추가로 필요해서 2월 초에 할 수 없이 A은행에 먼저 연락을 하게 되었다. 그런데 이게 웬일! 담당자가 그새 또 다른 사람으로 바뀐 것이다. 이번에는 B차장이라는 사람이었다. 그 또한 업무 파악하는 데 시간이 필요하다며 나중에 연락하겠다고 말하는 것이 아닌가! 보통 A은행은 인사 발령을 3년에 한 번씩 한다. 특별한 일이 없는 한, 그렇게 보직을 자주 바꾸지 않는다. 그런데 3-4개월 만에 세 사람이나 바뀌다니, 있을 수 없는 일이었다. 이것이 사람이 하는 일인가?

결국 3월 11일 최종 공판에서 우리는 살아났지만, 사건을 한 번 죽여 놓은 중대한 과실이 있기 때문에 이 사항과 관련해 A은행에 자세히 보고를 해야만 했다. 이때 북한 선교 일정이 3월 21일에 잡혀 있어서 다녀오는 길에 한국에 들러서 해명을 하기로 했다. 잘못한 것을 가지고 가려니 발길이 무거웠다. 이런 엄청난 일을 누가 봐 주겠나. 더군다나 담당자인 B차장은 얼굴 한 번 본 적이 없는데 말이다. 하지만 피할 수 없는 일이었다.

북한 선교를 마치고 한국에 도착해서 금식 기도를 한 후, 무거운 마음으로 A은행으로 향했다. 그런데 담당자를 보는 순간 기절하는 줄 알았다. 그 사이 담당자가 또 바뀐 것이다. 그런데 바뀐 그 담당자가 누군가 하면 A은행에서 나에게 가장 우호적인 S팀장이었다. 그는 C회사 사건을 몇년 전에 '리&홍'에게 의뢰를 하고, 다른 부서로 갔다가 일주일 전에 다시 C회사 담당, 그 부서 책임자로 돌아왔다고 했다. 그를 보는 순간, 어찌나 반가운지 마치 예수님을 만난 것 같았다.

저녁 식사를 하면서 S팀장에게 그 동안의 상황을 이실직고했다. 예상대로 그는 매우 놀랐지만, 3-4년 같이 일을 해 오면서 쌓아 왔던 신뢰를 바탕으로 상부에 우호적으로 보고해 주기로 했다. 그리고 사건이 장기화된 것을 고려해 계약서의 조건을 변경하기로 했다. 그동안 변호사비를 시간당으로 주고 있었는데, 성공 조건부로 주는 것으로 말이다. 그렇게 되면 클라이언트는 재판 기간에 변호사 비용이 안 드니까 좋고, 우리도 사건을 살리느라 들인 비용을 만회할 수 있으니 서로 좋은 조건이었다. 다만 패소했을 때의 위험 부담은 우리가 감수할 수밖에 없었다.

결국 1억 8천만 불 소송은 우리가 A은행에게 채권자 중에 가장 많은 돈을 회수하게 해 줌으로써 성공적으로 완료가 되었다. 우리 또한 계약 변경으로 인해 최초 계약 조건보다 몇 배나 많은 수익을 올릴 수 있었다.

하나님은 뒤집으시는 하나님이시다. 위기를 기회로, 절망을 희망으로, 패배를 승리로 말이다. 그것은 잘한 것 하나 없는 나 같은 인간을 살리기로 작정하고 부어 주시는 그분의 은혜이다. 강퍅한 판사의 마음을 바꾸시고, 시기도 아닌 인사 이동에 관여하시고, 수임 계약서의 조건까지 변경하시는 무리수를 두시면서까지 말이다. 그리고 하나님은 뒤집으실 때, 절대 본전치기로 끝내지 않으신다. 살려 주시는 것도 감사한데, 처음보다 몇 배로 부어 주시는 구원의 감격을 나는 이번에도 맛보았다.

31

작은 일로 큰 간증을 무너뜨리지 마라

1억 8천만 불을 물어 줘야 할 위기에서 벗어난 이틀 뒤의 일이다. 어머니가 사시는 콘도의 아래층에 사는 그리스인 할아버지가 HOA(Home Owners Association, 주택 소유주 협회)를 통해서 나를 상대로 갑자기 3,500불(약 420만 원)의 소송을 걸어 왔다. 어머니의 욕실에서 물이 흘러서 자기 집이 손상되었다는 것이고, 그 집의 소유주가 내 이름으로 되어 있으니 나를 걸고 넘어진 것이다.

상식적인 일이 아니다. 이런 문제가 있으면 HOA에서 나에게 먼저 연락을 했어야 하는데, 아무런 사전 통보도 없이 대뜸 소송부터 걸다니 말이다. 소명 기회를 줘야 할 것 아닌가. 내가 변호사이기 때문에 더욱 이를 용납할 수 없었다. 감히 '리&홍'의 대표 변호사를 3,500불로 협박하다니… 생각할수록 기분이 나빴다.

더구나 아래층의 그 할아버지는 몇 년째 나를 약올리고 있던 사람이었다. 우리 딸들이 갈 때마다 뛴다고 뭐라 하지를 않나, 발코니에서 물 떨어졌다고 뭐라 하지를 않나, 뭐가 그렇게 못마땅한지 사사건건 시비를 걸곤 했다. 평소 그 할아버지에게 쌓여 있던 감정이 폭발하면서 그냥 넘어가고 싶지 않았다.

우리 로펌에서 가장 강력한 송무 변호사를 불러서 얼마가 들어도 좋으니까 이 소송에서 무조건 이길 것을 지시했다. 사실 이런 소액 소송을 준비하려면 배보다 배꼽이 더 클 수도 있다. 이런저런 일에 시간을 빼앗기느니 그 돈을 그냥 물어 주는 것이 나을 수도 있다. 하지만 내 자존심이 이를 용납하지 않았다. 그때 나는 북한 선교를 앞두고 선교를 위한 기도를 오랫동안 하고 있었다. 그런데 그 소송 사건이 터진 다음부터 도무지 기도가 되지 않았다. 내 마음에 북한 땅과 그 영혼에 대한 사랑이 사라져 버리고, 그 할아버지에 대한 분노와 복수심만이 가득 차 있었기 때문이다.

문득 그 사실을 깨닫고서 이런 생각이 들었다. '내 마음이 이렇게 미움과 분노로 가득 차 있는데, 이 마음으로 어떻게 선교를 가나. 혹시 사탄이 북한 선교를 방해하기 위해 이 일을 꾸민 것은 아닐까? 더구나 나는 바로 며칠 전에 홍해가 갈라지는 하나님의 큰 역사를 체험한 사람이 아닌가! 이렇게 작은 일로 큰 은혜를 잃어버리다니….' 생각이 여기까지 미치자, 나는 즉각 소송을 중단했다. 그리고 상대방에게 돈을 물어 줬다. 북한 선교 헌금 했다고 생각하기로 했다. '리&홍'의 대표 변호사로서 망신스럽고 자존심이 상했지만 할 수 없었다. 이런 일로 선교를 망칠 수는 없는 일 아닌가. 그러자 거짓말같이 평화가 찾아왔다. 북한을 사랑하는 마음이 되살아났다. 기도가 다시 되기 시작했다. 하나터면 작은 일로 큰 간증을 무너뜨릴 뻔했다.

이야기의 끝은 이것이 아니다. 돈을 물어 주면서 나는 그 콘도의 HOA에 편지를 써서 이 소송의 절차에 문제가 있다는 지적을 했다. HOA는 내 편지를 읽고서 관리 회사에 비리가 있다는 사실을 알게 되었다. 나에게 했던 것처럼 관리 회사 직원과 변호사가 짜고 고의적으로 사전 통보 없이 느닷없이 소송으로 넘겨서 부당 이익을 취한 사례가 수차례 있었던 것이다. 결국 HOA는 그 관리 회사를 해고하고 다른 회사로 바꿨다. 나는 전투에서는 졌지만, 전쟁에서는 이긴 것이다. 기도로 준비한 북한 선교 또한 성공적으로 마칠 수 있었다.

32

가뭄 끝에 생수가 터지다

되돌아보면 3년에 한 번씩은 어김없이 위기의 순간이 있었다. A은행 사건 이후로 4~5년째 조용하길래 이번에는 그냥 넘어가시려나 했다. 그런데 다시 보니 여지없이 위기가 찾아와 있었다. 허리케인이나 지진같이 숨넘어가는 것은 아니었지만, 바짝바짝 말라 가는 가뭄이 오랫동안 지속되고 있었던 것이다. 변호사 40~50여 명을 포함해 100여 명이 근무하는 '리&홍'은 아무것도 안 하고 숨만 쉬어도 월급만 100만 불 정도 나간다. 흉년 동안 살아남은 것은 그 전에 수임한 사건들 때문이고, 앞으로 살아가려면 대책을 세워야 했다.

'리&홍'의 큰 축은 지적 자산, 자동차 산업, 금융이었는데, 내가 맡은 금융 쪽이 거의 하향선이었기 때문에 새로운 분야(Practice)를 개척해야 했다. 나는 국제 중재에 대한 관심이 있어서 런던과 싱가폴 쪽으로 진출할 것을 알아보고 있었다. 어느 날 X사가 무너졌고 X사의 채권단이 법률 실사를 할 로펌을 찾고 있다는 소식을 들었다. 잘하면 이쪽으로 새로운 프랙티스(Practice)가 생길 수 있을 것 같았다. 마침 다음 해는 교회 사역을 한 지 8년 만에 맞는 안식년이어서 한국 출장이 자유로운 상황이었다.

'리&홍'은 입찰에 참여했고, 감사하게도 수임에 성공할 수 있었다. 그런데 좋으면서도 이해가 되지 않았다. 이런 규모의 일은 변호사가 몇백 명, 몇천 명되는 로펌이어야 감당할 수 있을 텐데, 어떻게 우리에게 차례가 왔을까? 알고 보니 X사는 유럽의 세계적인 다국적 기업과 여러 건의 소송이 걸려 있었기 때문에, 그 다국적 기업과 이해관계가 없는 로펌을 찾고 있었는데, 그 기업이 워낙 크다 보니 대형 로펌 중에서 그쪽 일을 하지 않는 곳을 찾기 어려웠다고 한다. 덕분에 규모가 작아서 그 다국적 기업의 일을 못 하고 있던 우리가 오히려 자격이 되었던 것이다. 그러나 기쁜 마음도 잠시, 조사해 보니 이쪽은 말도 안 되는 전문 분야였다. '이 분야에 대해 잘 모르는 내가 과연 이 일을 할 수 있을까…' 물론 우리는 부랴부랴 세계적인 그 분야 전문가들을 영입해 팀을 꾸려 놓았지만, 당장 다음 달부터 채권단 앞에서 법률 실사에 대한 회의를 주재해야 사람은 나란 말이다. 걱정이 되었지만 방법이 없었다. 일단 부딪혀 보기로 했다.

도착 다음 날부터 채권단 회의가 시작되었다. 그 분야에서 몇십 년 잔뼈가 굵은 사람들 앞에서 회의를 주재하려니 진땀이 났다. 더군다나 X사에는 기존의 사내 변호사이자 법무 팀장이 있었는데, 그의 반발과 견제가 심했다. 그 회사 최고 법무 전문가인 자신의 영역을 외부에서 온 우리가 침범한다고 느끼는 것 같았다. 그 회사 법률 사안에 관해 너무나 잘 알고 있는 그가 윽박지르며 판례를 들먹이기 시작하면, 나는 뭐라고 할 말이 없었다. 진땀이 나는 상황이었다.

하는 일이라고는 하루 종일 회의를 하는 것인데, 나에게는 매 순간이 초조하고 아슬아슬했다. 이런 상황에서 내가 할 수 있는 것은 금식하며 기도하는 것뿐이었다. "하나님, 저를 망신시키려고 이 광야로 데려오셨습니까? 5년 만에 생수를 터트리는 것이 이것입니까? 주시겠다고 하셨으면 뭔가 대책이 있어야 할 게 아닙니까?"

그러나 하나님은 아무 말씀이 없으셨고 나도 대책이 없었다. 도대체 이 일을 어쩌란 말인가. 물론 실무로 들어가면 우리 팀 전문 변호사들이 나서겠지만 초반에는 사령관인 내가 상황을 장악해 줘야 했다. 내가 무너지면 우리 팀들은 싸움도 못해 보고 철수해야 하는 상황이 생기는 것이니까…. 스트레스로 인해 새벽 2시까지 잠 못 자고 초조해하다가 아침이 되면 무거운 발걸음을 끌고 "주여, 주여" 하면서 회의실로 가는 날들이 이어졌다. 아마 그 상태로 계속 갔으면, 결국 고객의 신임을 받지 못해 사건 수임이 어려워졌을 것이다.

그런데 성령님이 주시려고 했는지 뜻밖의 일이 벌어졌다. 우리에게 가장 큰 걸림돌이 되었던 그 사내 변호사가 갑자기 2주간의 병가를 낸 것이다. 아마 자신이 없으면 법무 팀이 마비되어 자기에게로 달려올 것이라고 생각했던 것 같다.

하지만 그것은 착각이었다. 방해하던 그 변호사가 없어지자 우리 팀은 더욱 주도적이고 적극적으로 일을 할 수 있었다. 내가 데리고 간 영국의 로펌은 그 분야 최고 전문가였다. 우리 팀은 20일 만에 그 회사의 모든 법률적인 필요를 충족시켜 주었다.

무사히 실사를 끝낸 우리는 실력을 인정받아 그 회사의 주 변호사로 선임받았으며, 수십 건의 국제 중재 사건을 수임하는 큰 성과를 이루었다. 안식년을 맞아 한국으로 간 지 한 달만에 생각지도 못한 생수가 터진 것이다. 몇 달 전 하나님께서 큐티를 통해 주신 사사기의 말씀이 이루어진 순간이었다.

삼손이 심히 목이 말라 여호와께 부르짖어 이르되 주께서 종의 손을 통하여 이 큰 구원을 베푸셨사오나 내가 이제 목말라 죽어서 할례 받지 못한 자들의 손에 떨어지겠나이다 하니 하나님이 레히에서 한 우묵한 곳을 터뜨리시니 거기서 물이 솟아 나오는지라 삼손이 그것을 마시고 정신이 회복되어 소생하니 그러므로 그 샘 이름을 엔학고레라 불렀으며 그 샘이 오늘까지 레히에 있더라 (삿 15:18-19)

33

폐암 (1):
애굽의 궁전에서 광야로

오랜 가뭄 끝에 새로운 분야를 개척하는 대박을 터트리고 진시황 부럽지 않은 생활을 하였다. 매일 강남 최고급 식당에서 좋은 음식을 먹고, 호텔에 딸린 최첨단 헬스클럽에서 운동도 하고, 용평에서 골프도 치고, 친구들과 유럽으로 부부 동반 크루즈도 다녀왔다. 돈 있고 시간 있고 명예도 있어서 남 부러울 것 없는 날들이었다. 하나님께서 그동안 고생했다고 마음껏 축복해 주시는 것 같았다. 한마디로 눈에 보이는 것이 없었다. 이렇게 놀고 먹다가 11월에 있을 큰딸 결혼식에나 참석하면 될 일이었다.

그러다 주위 권유로 서울대학병원에서 건강 검진을 받았다. 당시 매일 한두 시간씩 운동에 매진하던 중이었고, 미국에서 1년에 두 번씩 건강 검진을 해 오던 터라, 비싼 돈 주고 검사받을 이유는 없었다. 할까 말까 망설였지만 '할 일도 없는데, 그냥 해 보자'라는 편한 마음으로 검사를 받았다.

그리고 일주일 뒤, 나는 폐암 선고를 받았다. 오른쪽 폐에 발생했고, 2기로 보인다는 의사의 소견이었다. 처음에는 별로 실감이 나지 않았다. 폐암 전문의와의 만남을 예약하고 돌아오면서도 오진일 것 같았다. 왜냐하면 당시 워낙 컨디션이 좋았기 때문이다. 그러면서도 이런저런 불안한 생각을 떨칠 수가 없었다. '선교사님들은 선교지에서 건강 검진 같은 것 안 해도 하나님이 챙겨 주시는데, 나는 강남 한복판에서 최첨단의 의료 서비스를 받고, 최첨단의 운동을 하면서도 폐암에 걸리는구나.' 거리에서 청소하는 할아버지를 봐도 폐가 건강하니까 저렇게 일을 하는구나 싶어서 부러웠다.

하나님께 서운한 생각도 들었다. 그동안 열심히 교회를 섬기다가 이제 안식년을 맞아서 쉴 때 되어서 쉬는 것이고, 로펌도 하나님께서 길을 열어 주셔서 만사형통으로 다 돌아가는 이 마당에 폐암이 무슨 말인가! 그 잘나가는 동안에도 매일 큐티하고 기도하고 설교를 들으며 하나님을 떠난 적이 없었다. 물론 일이 너무 잘되니까 나도 모르게 우쭐하고 교만한 것도 좀 있었겠지만, 인간이 그럴 수도 있지. 설마 그것 때문에 하나님께서 화나신 것은 아닐 테고 말이다.

인터넷 검색을 해 보니 폐암의 5년 생존율이 18% 정도라고 나왔다. 죽을 확률이 훨씬 더 높았다. 아내에게는 말을 안 했다. 내일모레 한국어 교원자격 시험을 치기로 되어 있는데, 핑계 김에 안 볼 것 같았다. 또한 며칠 후 먼저 미국 가서 애들 만날 생각에 들떠 있는데, 찬물을 끼얹고 싶지 않았다. "내가 얼마나 살 것 같아?"라며 살짝 떠봤지만, 아내는 뭔 말인지 모르는 것 같았다. 나도 어차피 2차 소견을 받으러 곧 LA를 가야 하니까, 그때 가서 얘기하기로 했다.

며칠 후 아내는 미국으로 떠났다. 호텔에서 나 혼자 지낸 열흘은 길고도 외로웠다. 내 인생 최고의 전성기인 54세에 폐암이라니, 받아들이기 힘들었다. 갑자기 화려한 애굽의 궁전에서 살다가 깨어 보니 광야에 있는 것 같았다. 그 화려함, 부유함, 최첨단의 것들이 다 사라지고 갑자기 붕 떠서 구름 한 점 없고 햇빛 쨍쨍한 사막에 도착한 기분이었다. 주위에는 아무것도 없고 하나님과 나만 있는 고요하고 적막한 시간이었다. '이제 나는 어떻게 되는 걸까?' 두렵고 막막하기만 했다.

34

폐암 (2):
QT로 말씀하시는 하나님

아침에 눈을 뜨면 일어날 힘도 없고 형언할 수 없는 두려움과 답답함이 밀려왔다. 그렇게 오랫동안 신앙생활을 해 왔으니, 이럴 때 '죽으면 죽으리라' 하고 담대해지면 좋으련만, 무너지는 마음을 어쩔 수가 없었다. 그때 나에게 위로가 되었던 것은 찬양 CD였다. 〈주 하나님 지으신 모든 세계〉, 〈나 같은 죄인 살리신〉, 〈내 영혼이 은총 입어〉 등 평소에 흘려들었던 찬양 가사의 한마디, 한마디가 어찌나 내 심령에 위로가 되던지…. 하지만 그것도 잠시, 찬양이 끊어지면 또다시 불안함이 엄습해 왔다. 이 마당에도 일은 해야 해서 클라이언트들을 만나러 다녀야 했다. 아무것도 모르는 그들에게 "나 죽어요"라고 할 수도 없고, 아무 일도 없는 것처럼 웃으며 밥을 먹고 지내다가 저녁이면 캄

캄한 호텔 방으로 들어와 그냥 무너지곤 했다.

'도대체 왜?'라는 의문이 끊이지 않았다. 그런 나에게 하나님은 큐티 말씀으로 대답을 하시는 것 같았다. 디도서 2장 14절의 말씀이었다. "그가 우리를 대신하여 자신을 주심은 모든 불법에서 우리를 속량하시고 우리를 깨끗하게 하사 선한 일을 열심히 하는 자기 백성이 되게 하려 하심이라." (하나님이 불법에서 나를 씻어서 깨끗하게 하시려고 하는구나. 내 생활에서 불법이 무엇이었을까 생각해 보았다.)

그다음 날 큐티는 디도서 3장 5절 말씀이었다. "우리를 구원하시되 우리가 행한 바 의로운 행위로 말미암지 아니하고 오직 그의 긍휼하심을 따라 중생의 씻음과 성령의 새롭게 하심으로하셨나니." (내가 잘 나서가 아니라 하나님의 긍휼하심으로 고쳐 주시려나 보다.)

문득 어린 시절 어머니가 해 주신 말씀이 생각났다. 성경책 가운데를 잡고 쫙 펴면 잠언이나 시편이 나오는데 그곳에서 그날, 그 상황에서 하나님께서 나에게 주시는 지혜의 말씀을 발견할 수 있다는 것이다. 안 해 본 지 꽤 되었는데, 하도 답답해서 한번 해 보기로 했다. 식탁 의자에 앉아서 성경책의 반을 쫙 가르니까 호세아 6장 1절 말씀이 나왔다. "오호라 우리가 여호와께로 돌아가자 여호와께서 우리를 찢으셨으나 도로 낫게 하실 것이요 우리를 치셨으나 싸매어 주실 것임이라." (찢는다고 하시니 수술은 하나 보구나. 오진은 아닌가 보다.) 어쩌면 이렇게 내 상황에 꼭 맞는 말씀인지 깜짝 놀랐다. 그런데 너무 확실하니까 우연 같기도 했다. 다시 한번 해 보기로 했다. 장소도 소파로 옮겼다. 하나님 말씀이 맞으면 재확인해 달라고 기도한 후에 다시 폈다.

이번에 나온 말씀은 열왕기하 20장 5-6절 말씀이었다. "내가 네 기도를 들었고 네 눈물을 보았노라 내가 너를 낫게 하리니 네가 삼 일 만에 여호와의 성전에 올라가겠고 내가 네 날에 십오 년을 더할 것이며 내가 너와 이 성을 앗수르 왕의 손에서 구원하고 내가 나를 위하고 또 내 종 다윗을 위하므로 이 성을 보호하리라 하셨다 하라 하셨더라." (낫게 하시는구나. 죽지는 않겠구나. 그런데 3이라는 숫자는 무엇을 말할까? 석 달인가? 3년인가? 또 15년을 더하신다는데, 이 15년은 오늘부터 15년인가? 아니면 내 정해진 수명에서 15년을 더한다는 것인가?)

우리 어머니는 반을 쫙 펴면 잠언이나 시편이 나온다고 했는데, 나는 왜 다른 것이 나왔을까 잠시 궁금했다. 생각해 보니 우리 어머니 시절의 성경은 뒤에 찬송가가 없고 내 것은 뒤에 찬송가가 붙어 있으니까 그리 되었던 것이다. 어찌되었건 이 일로 인해 하나님은 때와 장소와 상황에 맞게 말씀하시는 분이라는 것을 다시 경험했다.

이후로도 하나님은 큐티를 통해 계속 내 마음을 만져 주셨는데, 이번에는 에스더 8장 8-10절 말씀이었다. "너희는 왕의 명의로 유다인에게 조서를 뜻대로 쓰고 왕의 반지로 인을 칠지어다 왕의 이름을 쓰고 왕의 반지로 인친 조서는 누구든지 철회할 수 없음이니라 하니라 그 때 시완월 곧 삼 월 이십삼 일에 왕의 서기관이 소집되고 모르드개가 시키는 대로 조서를 써서 … 아하수에로 왕의 명의로 쓰고 왕의 반지로 인을 치고 그 조서를 역졸들에게 부쳐 전하게 하니."

유대인을 죽이려고 이미 나간 하만의 조서는 되돌릴 수 없지만, 모르드개를 통한 제2의 조서를 통해 미리 준비하도록 하신 하나님의 이야기를 읽으면서, '내 폐암도 이미 발생한 것이니 어쩔 수 없지만, 미리 발견하게 하셔서 수술로 진멸하게 하시는구나'라고 생각하며 하루하루 위로를 받았다. 하나님의 말씀을 너무 개인적으로 끌어당겨 적용한다고 생각할 수도 있겠지만, 당시 나는 너무나 절박했기 때문에 말씀 하나하나가 하나님께서 내 귀에 대고 직접 말씀하시는 것같이 느껴졌다. LA로 돌아올 즈음에는 큐티 말씀을 통해 폐암에 대하여 영적으로 정리가 된 상태였고, 나는 폐암 사건이 남은 인생의 부림절이 되기를 간절히 바랐다.

35

폐암 (3):
감사한 것밖에 없다

수술을 위해 LA로 돌아온 이후로도 하나님은 에스라 말씀을 통해 계속 나를 만나 주셨다. 성전을 재건축하고 예배를 회복하라는 말씀이었다. 하나님은 폐암 수술을 앞둔 시기에, 각각 10년, 5년씩 타지에 나가 있던 두 딸을 집으로 귀환하게 하셨다. 참으로 오묘하고 섬세하신 하나님의 배려였다.

우리 가족은 집 가까운 교회에서 함께 매일 새벽 기도를 다니며 말씀 중심으로 살면서 삶을 보수하고 재건축하는 시간을 가졌다. 가족들과 시간을 보내며 규칙적인 생활을 하고, 소박한 음식을 먹고, 이어폰을 꽂고서 찬양을 들으며 파사데나(Pasadena)에 있는 로즈볼(Rose Bowl)

산책로를 매일 여유롭게 산책하다 보니 '이거야말로 진정한 안식이구나'라는 생각이 들었다. 한국에서 화려함과 최첨단과 건강을 누릴 때는 결코 느끼지 못했던 행복이었다. 어디에 있던지, 어떤 상황이던지 설사 폐암이라도 하나님과 친밀한 관계 안에 있다면, 그것이 우리를 진정으로 쉬게 한다는 것을 깨달았다.

수술을 앞둔 어느 날 문득, 하나님께서 그동안 나를 어떻게 보호하시고 축복하셨는지 새록새록 떠오르면서, 내가 드릴 것은 오롯이 감사밖에 없었다. 다음은 그때 적어 둔 감사 기도 제목이다.

1. 아내 유방암 때 담배를 끊었기 때문에 그나마 폐가 이 정도인 것에 감사.
2. 늦게 발견한 폐암의 생존 확률이 그리 높지 않은데, 조기 발견하게 해 주심에 감사.
3. 두 딸이 각각 10년, 5년씩 집을 떠나 있다가 정확히 이 시기에 집으로 돌아와 집안이 시끌벅적, 매일 새벽 네 식구가 함께 집 근처 교회 새벽 기도를 다니며, 매일 함께 밥 먹고 걷고 운동하고 진정한 안식을 즐기고 있으니 감사.
4. 2014년에 로펌을 위해 큰일(new client & practice)을 해 놓아서 병

가 낼 만한 명분과 상황이 되어서 감사.

5. 병원에서 진찰받을 수 있는 보험이 있고, 친구가 의사로 있는 병원에서 수술하게 되어 이래저래 편안해서 감사.

6. 출근 안 하고 매일 집에서 말씀 묵상하고, 기도하고, 운동하고, 놀고, 먹고, 투병에만 집중해도 누가 뭐라고 하는 사람이 없어서 감사.

7. 나를 사랑하는 가족과 형제들, 친구들, 회사 동료들의 중보 기도와 격려에 감사.

8. 교회의 막강한 중보기도자들이 있어서 감사.

9. 다음 달에 큰딸이 좋은 믿음의 사위와 결혼하게 되어서 감사.

10. 매일 건강식으로 먹고 마셔서, 피부도 뽀얘지고 살도 빠지고 건강해져서 감사.

수술은 성공적으로 끝이 났다. 오른쪽 폐의 30%를 잘라 내었지만, 사는 데 큰 지장은 없다고 하니 감사한 일이었다. 또한 하나님께서 내 기도대로 항암 치료를 받을 필요가 없게 해 주셔서, 머리숱을 유지한 채 큰딸의 손을 잡고 결혼식장으로 걸어 들어갈 수 있었다.

무너진 자식에게 맨발로 달려와 포근히 안아 주시며, 말씀으로 위로해 주시고, 결국 살려 주시는 하나님 아버지의 사랑에 내가 드릴 것은 오직 감사밖에 없었다.

하나님께서 큐티를 통해 주신 말씀대로 폐암 사건은 내 인생의 부림절이 되었고, 나는 그것을 기억하고 감사하기 위해 부림절의 정신을 살려 장학과 긍휼 사역을 시작했다.

내가 사망의 음침한 골짜기로 다닐지라도 해를 두려워하지 않을 것은 주께서 나와 함께하심이라 주의 지팡이와 막대기가 나를 안위하시나이다 (시 23:4)

제6부
푸른 초장에서

36
20년 기도로 얻은 사위

폐암 수술 몇 주 후, 큰딸 연지가 좋은 청년을 만나 결혼했다. 나는 이 결혼을 위해 20여 년 동안 창세기 24장 말씀을 떠올리며 기도해 왔다.

말씀의 내용은 이렇다. 아브라함은 이삭의 배우자를 하나님께서 선택해 주실 것이라는 믿음으로 오랫동안 기도해 왔다. 그리고 때가 되자 노종에게 자신의 고향으로 가서 며느리감을 구해 올 것을 명한다. 먼 길을 떠난 노종은 드디어 아브라함의 고향 마을에 도착한다. 그런데 하필이면 그 자리에 리브가가 물을 뜨러 나온다. 그리고 웬일인지 그녀는 생면부지의 노종에게 친절히 물을 떠 주고 말에게도 먹인다. 또한 어찌어찌한 일로 이삭이 어떤 사람인지도 모르면서 그와 결혼을 하기 위해 노종을 따라 나선다. 그렇게 부부의 연을 맺은 리브가와 이삭은 서로 사랑하며 하나님 앞에서 아름답게 살아간다.

내가 딸들의 배우자를 위해 이 말씀을 붙들고 기도한 것은 아이들이 하나님께서 짝지어 준 사람과 결혼하기를 원했기 때문이다. 리브가와 이삭의 결혼 이야기에는 인간이 무엇을 시시콜콜 따져서 선택한 것이 없다. 희박한 확률을 뚫고 하나님의 섭리 안에서 결국 만나야 될 남녀가 만나서 부부가 된 이야기이다. 그런데 요새 아이들은 배우자 고르는 것을 마치 청바지 고르는 것같이 생각해서 이것 입어 보고 저것 입어 보고, 자기 맘에 드는 걸 고르면 된다고 생각하는 듯하다.

내 생각은 다르다. 결혼은 하나님께서 주관하시는 것이다. 두 사람이 만난 것은 우연히, 또는 내가 골라잡아서 된 것이 아니라 하나님께서 짝지어 주셨기 때문이다. 연애를 많이 한다고 좋은 사람을 만나는 것도 아니다. 아브라함과 사라, 이삭과 리브가가 연애를 많이 한 것은 아니지 않은가. 부부의 인연은 하나님의 섭리 안에 있는 것이다.

사실, 나와 아내는 오래전부터 큰딸의 배우자로 점찍어 둔 상대가 있었다. 폴(Paul)이라는 청년인데, 그 가정과는 아이들이 초등학교 때부터 같은 교회를 다니면서 서로 잘 아는 사이였다. 그 집은 폴과 누나,

그의 부모님, 조부모님까지 3대가 같은 교회를 다니며 신앙생활을 잘 하고 있는 아름다운 가정이었다.

우리는 삶과 신앙이 일치되는 보기 드문 신앙의 가정에서 자란 준수한 청년 폴이 우리 사위가 되었으면 좋겠다는 막연한 바람을 가지고 있었다. 그런데 어찌된 일인지 두 녀석은 서로 소 닭 보듯 관심이 없었다. 우리는 폴이 아니라면, 우리 딸이 폴 같은 애를 만나길 바라면서 기도하며 기다려 왔다.

그런데 어느 날, 한 명은 동부에, 한 명은 한국에 살며 오랫동안 만나지 못했던 두 녀석이 우연히 6년 만에 이메일로 연락을 하게 되었다. 연락이 잦아지면서 만나기도 했다. 그리고 드디어 폴이 큰딸에게 데이트를 신청했다는 것이다. 할렐루야!

우리 부부는 그때부터 둘의 결혼을 놓고 기도하기 시작했다. 폴의 집에서도 기도하기 시작했다. 양가가 원하는 결혼이었다. 2014년 11월 22일, 드디어 우리 딸이 결혼했다. 내가 기도한 지 20년 만의 일이다. 우리 부부가 미국에서 사윗감 한 명을 고르라면 주저 없이 골랐을 청년, '폴'과 말이다. 오랜 기도가 결실을 맺는 순간이었다.

37

눈물의 빠스뗄

기쁠 때나 슬플 때나, 부할 때나 가난할 때나 가리지 않고 언제나 나를 행복하게 하는 음식이 있다면, 그것은 다름 아닌 빠스뗄(Pastel)이다. 브라질 음식인 빠스뗄은 밀가루 반죽 안에 고기, 야채, 모차렐라 치즈 중 하나를 넣고 기름에 바삭하게 튀긴 것이다. 그중에서 내가 제일 좋아하는 것은 모차렐라 빠스뗄이다. 맛있고 저렴한 데다가 시장이나 길거리 등, 어디서나 쉽게 접할 수 있는 브라질 국민 간식인 빠스뗄은 우리나라로 치면 납작한 튀김만두 같은 음식이라고나 할까.

지금 나는 마음만 먹으면 빠스뗄을 언제라도 먹을 수 있다. 마켓에 가면 에그롤과 모차렐라 치즈를 얼마나 싸고 쉽게 구할 수 있는가. 하지만 브라질에서의 어린 시절에는 그렇지 않았다. 밥도 먹고 살기도 힘들었던 우리 집 형편에 군것질할 돈이 있을 리가 없었다. 그러니 정 먹고 싶은 것이 있으면 내가 번 돈으로 사먹어야 했다. 그런데 그 돈이 어떤 돈인가? 아홉 살, 열 살 어린 나이에 낯선 동네를 발이 닳도록 돌아다니고, 벤데돌을 하면서 집집마다 문을 두드려 번 돈이 아닌가 말이다.

그렇게 힘들게 번 돈이지만 빠스뗄을 먹고 싶은 유혹을 이길 수는 없었다. 매일 갈 수는 없고 한 푼 두 푼, 어느 정도 돈이 모이면 나를 기다리고 있는 빠스뗄 가게를 향해 달려가곤 했다. 자신이 번 돈을 손에 움켜쥐고, 꿈에 그리던 빠스뗄을 향해 달려가던 아홉 살 소년의 마음을 생각해 보라. 얼마나 기대와 설렘과 군침으로 가득 차 있었겠는가. 그런데 그 어린 마음을 매번 무참하게 짓밟는 이가 있었으니, 다름 아닌 빠스뗄 가게의 중국인 주인이었다.

사람이 얼마나 짜고 인색한지, 빠스뗄 안에 들어가는 모차렐라 치즈를 아까워서 벌벌 떨며 손톱만큼만 잘라 넣는 것이었다. 더구나 기름을 자주 갈지 않아 찌든 기름에 튀겨서 시커멓게 타 버린 것을 내밀곤 했는데, 그것을 받아들 때마다 정말 울고 싶은 심정이었다. 갈 때마다 치즈를 좀 더 넣어 달라, 타지 않은 것으로 달라고 애원을 했지만 그러거나 말거나였다. 다른 가게로 가고 싶어도, 근처에는 빠스뗄 가게가 없어서 그럴 수도 없었다.

먹는 것 때문에 받은 상처는 오래 가는 법, 결혼 후 아내에게 일러바쳤다. 아내는 원래 불의를 보면 못 참는 성격이라 다음과 같이 외쳤다. "걱정하지 마. 내가 만들어 줄게!" 그리고 부엌으로 달려가 보란 듯이 아주 큼지막하게 썬 모차렐라 치즈를 듬뿍 넣고, 타지 않고 적당히 황금빛으로 그을린 빠스뗄을 만들어 내 앞에 내미는 것이었다. 튀길 때부터 군침을 흘리고 있던 나는 빠스뗄을 받아들자마자 앉은 자리에서 순식간에 열 개 정도를 먹어 치웠다. 아마 혼자서 이렇게 많이 먹는 인간도 없지 싶다.

그렇게 빠스뗄을 맛있게 먹다 보면 브라질에서 고생했던 어린 시절이 생각나면서 나도 모르게 눈물이 나는 것을 참을 수가 없다. 그 시절에 얼마나 먹고 싶어 했던 음식인지, 얼마나 고생하면서 돈을 벌었는지가 떠올라서 그렇다. 내가 빠스뗄을 먹을 때마다 우니까, 딸들은 내가 빠스뗄을 먹으려고 하면 아예 '아빠가 언제 울까?' 기대하면서 내 얼굴을 들여다보곤 한다. 그렇게 기다리고 있으면, 여지없이 또 우니까 둘이서 이구동성으로 "아빠 운다. 아빠 운다" 하면서 구경을 하는 것이다.

풍족하게 자란 우리 딸들에게 내가 왜 빠스뗼을 먹으면서 눈물을 흘리는지 설명해도 알아들을 수 있을지 모르겠다. 무엇이든 먹을 수 있는 지금, 그 어떤 음식을 먹더라도 그 시절에 느꼈던 그 행복을 다시 느끼기는 어려울 것이다.

그렇게 빠스뗄을 맛있게 먹다 보면
브라질에서 고생했던 어린 시절이 생각나면서
나도 모르게 눈물이 나는 것을 참을 수가 없다.
그 시절에 얼마나 먹고 싶어 했던 음식인지,
얼마나 고생하면서 돈을 벌었는지가 떠올라서 그렇다.

38

동네 탕자 4인방과 청우회

동네 탕자 4인방이 있다. 앤드류, 기준, 동헌 그리고 나, 이렇게 네 명
의 친구들인데, 20대 후반에 시작해서 10여 년을 같이 술 마시러 다니
던 그룹이다. 네 명이 붙어서 술 먹고 돌아다니느라 인생을 말아먹을
뻔했다.

그때 우리의 술집 멘토는 '기준'이였다. 나머지 셋은 우리끼리 술 담
배나 하는 정도였는데, 일찌감치 노는 길을 터놓은 기준이의 "나를
따르라" 하는 말에, 술집으로 쫄래쫄래 따라갔다가 푹 빠지게 되었
다. 늦게 배운 도둑질에 밤 새는 줄 모른다고, 공부만 하던 샌님들이
노는 재미에 정신이 나가서 헤어나오지를 못했다.

그때는 술 먹고 미친 짓을 많이 했다. 동시 픽업이나 대리운전이 없을 때라 술을 잔뜩 먹고 겁도 없이 고속도로를 냅다 달리곤 했다. 여태 살아 있는 것이 기적이다. 그럼에도 불구하고 우리가 꼭 지켰던 것은 주일에 교회 가는 일이었다. 그렇게 새벽까지 술을 퍼 마셨으면 술이 안 깨서 못 가거나 최소한 하나님께 미안해서라도 안 갔을 것 같은데, 무슨 마음인지 죽어라고 교회는 갔다. 안 가면 안 되는 줄로 생각했다.

지금 생각하면 나름대로 '탕자의 철학'이 있었던 것 같다. "탕자 생활을 하되 동네에서 놀자. 어차피 아버지가 부르면 가야 하니까 멀리 가지 말자. 너무 심하게 놀지 말고 지속적으로 자주 놀자. 멀리 가면 고생이다." 뻔뻔하고 얄팍한 잔머리였는지 모르지만, 적어도 우리에게 그런 것은 있었다. '언제든지 돌아가면 산다'라는 믿음 말이다.

혹시 이 글을 읽고서 나도 놀 만큼 놀고 하나님께 돌아가자고 생각하는 사람이 있을까 봐 걱정이다. 그런 사람은 우리가 얼마나 죽을 고비를 많이 넘겼는지 몰라서 그런다. 음주 운전에 걸리고, 경찰차에 쫓기고, 헬리콥터가 뜨고, 부부 싸움을 하고, 난리도 아니었다. 몇 번이나 심각한 위기가 있었는지 모른다. 그 와중에 목숨을 지키고 가정을 지킬 수 있었던 것은 하나님의 긍휼이다. 소중한 것을 담보로 하는 그런

무모한 모험은 하지 말기를 바란다. 아무튼 그때 하나님이 살려 주셔서 우리는 지금 착실하게 신앙생활을 하고 있다. 모두 교회에서 리더십으로 섬기고 세 명이 변호사, 한 명은 의사로서 생업에도 충실하고 있다.

네 명이 함께 속한 '청우회'라는 모임이 있다. 1988년에 주로 버클리 출신 열다섯 커플이 계 모임으로 시작했다. 이때는 다들 생활이 어려울 때라 계 타서 생활비로 썼지만, 요새는 여행비로 쓴다. 세월이 흐르면서 열다섯 커플 중에서 일곱 커플이 남았는데, 돈을 모아서 2년에 한 번씩 부부 동반 여행을 다닌다. 한국, 스웨덴, 노르웨이, 러시아, 리투아니아, 독일, 덴마크, 이탈리아, 크로아티아, 몬테네그로, 그리스, 터키, 영국, 프랑스, 스페인, 포르투갈, 브라질, 아르헨티나, 스코틀랜드, 아일랜드, 호주, 뉴질랜드 등 많은 곳을 같이 다녔다.

고등학생 때부터 60이 넘어서까지 같은 도시에 살면서 매달 만나는 우리는 이 꼴 저 꼴 다 본 사이라 체면 차릴 것도 없고 감출 것도 없는 사이다. 나이 들어서도 "이 새끼, 저 새끼" 하며 티격태격한다. 서로 몰려다니면서 사고도 많이 쳤지만, 이 친구들이 없었다면 내 인생은 무미건조했을 것이다. 하나님이 주신 40년이 훌쩍 넘는 친구들이다.

39
사이먼과 앤드류

동업은 둘이 하면 2배로 빨리 망하고, 넷이 하면 4배로 빨리 망한다는 말이 있다. 하지만 하나님은 나에게 '앤드류 리'라는 최고의 파트너를 주셨다. 우리가 동업하지 않고 따로 일했다면, 각자 먹고살 정도로만 벌었을 것이다. 그러나 함께함으로 인해 'Lee & Hong'은 50명의 변호사를 포함해 100여 명의 직원들이 함께 일하는 로펌으로 자리 잡을 수 있었다.

1982년 앤드류와 나는 UC 버클리 대학교 기숙사 동기로 처음 만났다. 나는 7층, 앤드류는 2층에 있었다. 전공은 내가 정치학, 앤드류가 경영학이었는데, 대학을 마친 후 로스쿨에 들어가 변호사가 되겠다는 같은 꿈을 가지고 있었다. 우리 둘은 기숙사 공부방에서 공부하다

가 친해졌다. 나는 당시 공부로 승부를 보겠다는 결심을 단단히 하고
서 매일 밤 늦게까지 공부를 했는데, 어느 멀끔하게 생긴 녀석이 또한
죽어라고 공부하는 것이 아닌가! '누가 먼저 가방을 싸나 보자' 하는
경쟁심이 은근히 작동했는데, 그때 그 녀석이 바로 앤드류였다.

앤드류와 나는 성장 환경이나 성격이 많이 달랐다. 내가 브라질에서
벤데돌을 하며 산전수전 겪으면서 자란 것에 비해 앤드류는 소위 말
하는 '엄친아'라고 할 수 있다. 그는 좋은 가정 환경과 부유한 집안에
서 자라 공부도 잘한 전형적인 모범생이었다. 하지만 우리는 그 '다
름'으로 인해 서로에게 호감을 가지게 되었다. 우리의 그 '다름'은 나
중에 로펌을 같이하게 되었을 때, 역할 분담이 기가 막히게 잘되는 것
으로 빛을 발하게 된다.

버클리에서 우리는 약속을 했다. 로스쿨을 나와 미국 로펌에서 3년
정도 경험을 쌓은 후 한국 기업들에게 자문하는 한국계 로펌을 만들
자고…. 각자 다른 로스쿨로 진학한 우리는 졸업 후 각자 다른 로펌에
서 일하다가 약속대로 1991년 3월 1일 '리&홍'을 설립했다.

나는 어린 시절 벤데돌을 하면서 생긴 깡다구로 고객을 만나 사건을

따오는 것을 주로 담당했다. 일개 작은 로펌의 변호사이지만, 호기롭게 한국의 대기업을 찾아가서 무조건 두드리고 비볐다. 조용하고 차분한 성격의 앤드류는 사람을 많이 만나는 것을 힘들어하고 떠벌리거나 부풀리는 것을 질색하는 성격이라 주로 내부의 일을 담당했다. 내가 사건을 가지고 오면 앤드류가 안에서 착실하게 재판을 준비하고, 인사, 재정, 행정 등 로펌의 조직을 이끌어 가는 일을 맡아 주었다.

"수입은 무조건 50대 50으로 나눈다"라는 것은 창업 초기부터 지금까지 지켜 온 원칙이다. 앤드류가 전체 수입의 90%를 기여한 적도 있고 내가 90%를 기여한 적도 있지만 항상 수입은 반반으로 나누었다. 보통 로펌에서는 각자의 기여도를 계산하는 복잡한 계산법이 있어서 그것에 따라 정확하게 수입을 나눈다. 하지만 우리가 그런 식으로 정확히 따지고 나누기 시작했다면, 파트너십은 진작에 깨졌을 것이다. 우정과 신뢰 그리고 의리! 이것이 우리가 'Lee & Hong'을 이끌고 가는 핵심 가치다.

우리는 어디를 가나 늘 함께 다녔다. 우리가 함께 나타나면 고객들은 편안함과 신뢰를 느꼈다. 그것은 치고 나가는 내 성격과 차분하게 챙기는 앤드류의 조화가 주는 것이었다. 한국 출장을 갈 때도 늘 함께 다녔는데, 예전에 알던 사람이 우리를 만나면 아직도 같이 다니냐고 놀랄 정도이다. 사이먼과 가펑클(20세기 최고의 포크 듀오)처럼 우리도 떼어 놓고 생각할 수 없는 사이였다. 사이먼과 가펑클은 헤어졌지만, 우리는 아직도 함께한다.

앤드류가 없었다면 지금의 나는 없었을 것이다. 친구이자 파트너이자 동역자인 앤드류는 하나님께서 내게 주신 가장 큰 관계의 축복이다.

나는 당시 공부로 승부를 보겠다는 결심을 단단히 하고서
매일 밤 늦게까지 공부를 했는데, 어느 멀끔하게 생긴 녀석이
또한 죽어라고 공부하는 것이 아닌가!
'누가 먼저 가방을 싸나 보자' 하는 경쟁심이 은근히 작동했는데,
그때 그 녀석이 바로 앤드류였다.

40
삼총사

법무 법인 '리&홍'의 정식 명칭은 '리, 홍, 데거만, 강 & 왜이미'(Lee, Hong , Degerman, Kang & Waimey APC)이다. 그중에 삼총사가 있는데 사이먼 홍(나), 앤드류 리, 조나단 강이다. 앤드류는 나와 창립 멤버이고, 조나단은 '리&홍' 설립 9년 후에 합류했다. 조나단은 앤드류의 교회 친구였는데, 엔지니어 출신으로 늦게 법대를 들어가서 지적 재산권 전문 변호사가 되었다. 조나단이 들어오고 나서 로펌이 크게 성장했다. 조나단이 맡은 지적 재산법이 대세를 타고 중요해졌기 때문이다.

사이먼, 앤드류, 조나단이 각각 맡은 분야는 금융, 회사법, 지적 재산법이었다. 세 사람은 리&홍의 전체 지분을 나눠 갖은 지분 파트너이자 경영을 책임지는 공동 대표를 맡고 있다. 우리 셋은 수익도 똑같이 나눈다. 오래된 고객 중에 요즘도 셋이 같이 하냐고 물어 오는 경우가 있는데, 우리는 다른 로펌의 파트너들이 부러워할 정도로 성공적인 파트너십을 운영하고 있다.

우리 셋이 지키고 있는 것에 '만장일치의 법'이 있다. 셋의 생각이 만장일치가 되지 않으면, 결정하지 않는 것이다. 한 사람이라도 의견이 다르면 밀어붙이지 않고 세 명이 합의될 때까지 설득하며 기다린다. 두 사람의 생각이 같아도 나머지 한 명을 무시하지 않는 것이다. 이렇게 서로를 존중하는 것을 시스템으로 만들어 놓으니까 분란의 위험이 줄어들었다.

이렇게 협조하게 된 것은 이름들을 잘 지어서 그런 것 같기도 하다. 우리 셋의 이름은 모두 나서는 사람이 아니라 돕는 사람의 이름이다. 사이먼(시몬)은 예수님의 십자가를 도와서 진 사람이다. 앤드류(안드레)는 형제인 베드로를 세우고 조용히 뒷전에서 사명을 감당한 사람이다. 조나단(요나단)은 다윗을 알아 주고 보살펴 준 사람이다.

그러나 처음부터 이렇게 파트너십이 성공적이었던 것은 아니다. 우리는 한 달에 한 번씩 파트너 회의를 하는데, 초기에는 회의를 할 때마다 싸움이 벌어졌다. 서로의 성격과 입장이 다른 데서 오는 것이었다. 하도 싸우니까 "같이 일 못 하겠다" 하는 순간도 있었다.

그러나 거짓말처럼 싸움이 없어진 계기가 있었다. '기도회'를 시작한 것이다. 그 전에는 회의를 할 때 바로 일 얘기로 들어갔는데, 기도회를 시작하고 나서는 기도하고 찬양하고 큐티 나눔을 먼저 한다. 그 이후에 아침 먹으면서 회의를 하는 것으로 순서를 짰다. 인도는 매년 셋이서 번갈아 가며 한다.

기도회의 위력은 대단했다. 기도회를 시작하고 난 후, 크게 싸운 적이 없는 것 같다. 생각해 보라. 셋 다 장로인 우리가 방금 손을 잡고 서로를 위해 기도를 했는데, 회의를 하면서 언성을 높일 수는 없지 않은가. 우리 셋은 성격도 다르고 살아온 환경도 다르지만 중요한 공통점이 있다. 그것은 기도하는 부모 밑에서 배운 신앙이었다. 우리에게 신앙이 없었다면 진작 갈라섰을 것이다.

41
구레네 시몬

미국에서 시민권을 딸 때, 영어 이름을 짓기 위해 성경을 뒤져 보았다. 성경에 나오는 인물 중 제일 맘에 드는 사람의 이름을 따기 위함이었다. 바울은 너무 고생이 심하고, 베드로는 거꾸로 매달려 죽었고, 다윗은 너무 하나님께 합하고…. 모두 마음에 들지 않았다. 편하게 살다가 막판에 한 방을 치는 인물은 없을까 하다가 찾은 인물이 '시몬(Simon)'이다.

마침 알렉산더와 루포의 아버지인 구레네 사람 시몬이 시골로부터 와서 지나가는데 그들이 그를 억지로 같이 가게 하여 예수의 십자가를 지우고 (막 15:21)

구레네 시몬은 예수님의 십자가를 같이 지고 간 사람이다. 얼마나 영광스러운가! 그러나 자원해서 한 것이 아니라 강제에 의해 억지로 했다는 점에서 나와 매우 비슷하다. 나는 신앙생활을 하면서 자원해서 한 것이 별로 없다. 대부분 하기 싫어서 이리 빼고 저리 빼다가 궁시렁거리며 마지못해 하곤 했다. 안수집사 직분을 받을 때도 목사님을 찾아가 아직 술, 담배를 끊지 못했으니 받을 수 없다며 통사정을 했고, 장로 직분을 받을 때에도 제일 큰 걱정이 '앞으로 술을 못 먹게 되면 어찌될 것인가'였으니, 정말 미성숙한 신앙인이었다.

그러나 하나님은 그런 나를 가만히 안 두셨다. 좀 편하게 살고 싶어도 내 삶에는 항상 위기가 끊이지 않았다. 쉴 만하면 곧 숨 넘어가는 일이 생기고, 쉴 만하면 또 생기는 위기의 연속이었다. 나는 꼭 혼나고 나서야 할 수 없이 하나님 앞으로 기어가곤 했다. 그러면 하나님은 모른 척하지 않고 솟아날 구멍을 마련해 주시곤 했다. 혼나고 돌아오고, 혼나고 돌아오고… 사사기의 사이클을 나는 온 몸으로 살았다. 그 과정을 통해 나는 하나님이 어떤 분이신지 조금씩 더 알아 갔고, 고통 가운데 하나님과 함께하는 법을 배워 나갔다.

로마서 16장 13절을 보면, 바울이 로마 교인들에게 문안할 때 "주 안에서 택하심을 받은 루포와 그 어머니에게 문안하라. 그 어머니는 곧 내 어머니니라"라고 말하는 것이 나온다. 루포와 그의 어머니는 시몬 구레네의 아들과 그의 아내를 칭한다. 바울이 어머니라 부를 정도로 시몬 구레네의 아내는 영적 거장이었고, 그의 아들들인 알렉산더와 루포는 예루살렘과 로마교회의 리더로서 초대 교회의 중요한 인물이 었다. 구레네 시몬은 비록 억지로 끌려가서 십자가를 지게 되었지만, 그로 인해 그의 가정에 큰 구원의 은총이 넘쳤다. 내가 비록 자원해서 거룩한 신앙생활을 하지는 못했지만, 내 아내와 딸들이 영적 거장이 되고 우리 가정에 구원의 큰 은총이 넘치기를 기대하는 것이 그런 이 유다.

지금 생각하면, 나는 이름을 정하는 중요한 일에 있어서도 얄팍한 꼼 수를 부렸다. 그리스도인은 예수님께 내 삶을 드리는 그 과정이 중요 한데도, 그걸 하기 싫어서 마지막 한 방을 노리곤 했다. 그러면서도 하나님 곁을 떠난다는 것은 생각할 수 없으니까, 전화번호부 대신에 성경을 뒤져 이름을 정한 것이다.

하지만 하나님은 그 많은 꼼수에도 불구하고 당신의 계획대로 묵묵 히 나를 다루시며 그 많은 위기와 고난 가운데 당신의 자녀로 빚어 가셨다. 고난이 아니었다면 지금의 나는 없었을 것이다.

그렇게 신실하신 하나님 앞에서 시몬 구레네의 이름값을 할 수 있도록, 영광스러운 십자가의 꽁무니라도 짊어질 수 있도록, 죽기 전에 제대로 쓰임받을 수 있도록 해 주십사 하는 것이 '시몬(Simon)'이라는 내 이름을 생각하며 드리는 나의 기도이다.

에필로그

그래서 어쨌단 말이냐

친구에게 이 책의 초안을 보여 줬다. 친구가 말했다. "그래서 어쨌단 말이냐, 하나님이 죽을 뻔한 너를 수도 없이 구해 준 것은 알아. 그래 서 네가 어떻게 됐다는 말이냐? 성인이 됐냐? 결론이 있어야 될 것 아 니냐."

고등학교 때부터 나를 알아 온 친구의 말은 맞다. 나는 변한 것이 없 다. 그 많은 하나님의 은혜를 체험했음에도 불구하고 내 삐딱하고 어 긋나려는 본성은 여전하다. 하지만 바로 그 점이 내가 이 책을 쓴 이 유이다.

이 책은 옛날에는 내가 탕자였는데 지금은 돌아와 성인이 되었다던가, 옛날에는 나쁜 놈이었는데 열심히 노력해서 이제는 좋은 놈이 되었다는 그런 이야기가 아니다. 오늘도 나는 여전히 비틀거리고 넘어지고 있다. 나는 또한 누구를 가르칠 만한 성경이나 신학적인 지식도 없다.

그럼에도 불구하고 내가 입을 열어 자신 있게 말할 수 있는 것은 "I was blind but now I see"라는 사실이다. 전에는 내가 장님이었으나 이제는 볼 수 있게 되었다는 것이다.

옛날에는 나같이 나쁜 놈은 가망이 없다고 생각했다. 아무리 하나님이 좋으셔도 하나님의 은혜는 집을 나가도 한두 번 나갔다 온 애들에게만 적용되지, 수십 번 아니 수백 번을 나갔다 온 나 같은 놈이 감히 복음에 손을 내밀 수는 없다고 생각했다. 교회에 가면 하나님이 실망한 모습으로 다음과 같이 말씀하시는 것 같았다. "정말 너에게는 더 이상 할 말이 없다." 나도 너무 면목이 없어서 고개를 못 들고 이렇게 말씀드리곤 했다. "죄송합니다. 저도 더 이상 드릴 말씀이 없습니다."

그러다 위기가 닥치면 안 나가던 새벽기도를 나가고, 급하게 회개를 하고, 술도 몇 번씩이나 끊었다. 그리고 위기가 지나가면 언제 그랬냐는 듯이 원래대로 돌아가기를 반복했다. 이렇게 뻔뻔하기도 쉽지 않다.

그러나 만약 내가 너무 염치가 없어서 아버지께 돌아가지 않았다면 어떻게 되었을까? 무조건 달려가서 아버지의 바짓가랑이를 붙들지 않았으면 어떻게 되었을까? 뻔뻔해도 아버지께 돌아가면 무조건 산다는 것을 몰랐으면 어떻게 되었을까?

삐딱이들, 문제아들, 탕자들, 양다리들, 삼류들에게 외치고 싶다. 아버지께 돌아가면 산다. 무조건 산다. 뻔뻔해도 산다. "뻔뻔해도 돌아가면 무조건 산다." 뻔·돌·무·산!

나는 지금도 날마다 아버지께 돌아가고 있다.